M&T Gewusst wie!

PalmPilot

Wilfred Lindo

PalmPilot

Markt&Technik Verlag

Die Deutsche Bibliothek – CIP-Einheitsaufnahme

Lindo, Wilfred:
PalmPilot / Wilfred Lindo. -
München: Markt und Technik Verlag, 1999
  (Gewusst wie!)
  ISBN 3-8272-5679-8

Die Informationen in diesem Produkt werden ohne Rücksicht auf einen
eventuellen Patentschutz veröffentlicht.
Warennamen werden ohne Gewährleistung der freien Verwendbarkeit benutzt.
Bei der Zusammenstellung von Texten und Abbildungen wurde mit größter
Sorgfalt vorgegangen.
Trotzdem können Fehler nicht vollständig ausgeschlossen werden.
Verlag, Herausgeber und Autoren können für fehlerhafte Angaben
und deren Folgen weder eine juristische Verantwortung noch
irgendeine Haftung übernehmen.
Für Verbesserungsvorschläge und Hinweise auf Fehler sind Verlag und
Herausgeber dankbar.

Alle Rechte vorbehalten, auch die der fotomechanischen Wiedergabe und der
Speicherung in elektronischen Medien.
Die gewerbliche Nutzung der in diesem Produkt gezeigten Modelle und Arbeiten
ist nicht zulässig.

Fast alle Hardware- und Softwarebezeichnungen, die in diesem Buch erwähnt werden,
sind gleichzeitig auch eingetragene Warenzeichen oder sollten als solche betrachtet
werden.

Umwelthinweis:
Dieses Buch wurde auf chlorfrei gebleichtem Papier gedruckt.
Die Einschrumpffolie – zum Schutz vor Verschmutzung – ist aus
umweltverträglichem und recyclingfähigem PE-Material.

Wir danken den Mitarbeitern der Pearson Education Deutschland GmbH
für die Überlassung der Bildrechte.

10 9 8 7 6 5 4 3 2 1

04 03 02 01 00

ISBN 3-8272-5679-8

© 2000 by Markt&Technik Verlag,
ein Imprint der Pearson Education Deutschland GmbH
Martin-Kollar-Straße 10-12, D-81829 München/Germany
Alle Rechte vorbehalten
Einbandgestaltung: Parzhuber+Partner, München
Umschlagfoto: Andreas Reiter, München
Lektorat: Jürgen Bergmoser, jbergmoser@pearson.de
Herstellung: Anja Zygalakis, azygalakis@pearson.de
Satz: mediaService, Siegen
Druck und Verarbeitung: Media-Print, Paderborn
Printed in Germany

Inhaltsverzeichnis

1	**Einsteigen**	**7**
	Was ist der PalmPilot eigentlich?	8
2	**Wie kann ich schnell starten?**	**13**
	Schon nach 20 Minuten mit dem PalmPilot arbeiten	13
3	**Wie funktioniert der PalmPilot?**	**23**
	Der Prozessor	24
	Der Speicher	24
	Das Display	25
	Die Schnittstellen	26
	Das verfügbare Zubehör	27
4	**Wie optimiere ich die Grundeinstellungen?**	**29**
	Den PalmPilot einrichten	29
	Ein Programm bedienen	31
	Wie suche ich gezielt nach Informationen?	35
	Reset	36
	Daten schützen	38
5	**Wie gebe ich Daten ein?**	**45**
	So funktioniert die Graffiti-Schrift	45
	Shortcuts	52
	Die Computertastatur	58
6	**Wie wende ich die Standardprogramme an?**	**59**
	Der Kalender	60
	Das Adressbuch	68
	Eine Aufgabenliste verwalten	71
	Der Merkzettel	74
	Der Taschenrechner	75
7	**Wie kommuniziere ich mit dem PalmPilot?**	**77**
	Internet-Zugang via T-Online	81
	CompuServe	86
	Informationen von Yahoo! abrufen	89

Inhaltsverzeichnis

8	**Wie tausche ich die Daten mit einem PC aus?**	**93**
	Der Palm Desktop	93
	So funktioniert HotSync	96
	So funktioniert das Zusammenspiel mit anderen E-Mail-Clients	100
	Neue Programme	106
9	**Wie gestalte ich meine eigene Zeitplanung?**	**121**
	Welche Aufgaben kann der PalmPilot übernehmen?	122
	Den PalmPilot richtig einsetzen	125
	Den Arbeitsplatz im Griff	135
	Die Kommunikation verbessern	137
	Den PalmPilot in einer Sitzung nutzen	138
	Die bessere Korrespondenz	142
	Mit weniger Papier arbeiten	142
10	**Wie hilft mir der PalmPilot weiter?**	**145**
	Die Kosten im Griff	145
	Nie wieder einen Geburtstag vergessen	148
	Wollen Sie etwas Unterhaltung auf Ihrem PalmPilot?	149
	Nützliche Tools	150
11	**Wie kann ich die Arbeit optimieren?**	**151**
	Wie arbeite ich mit undokumentierten Befehlen und Funktionen?	155
12	**Woher bekomme ich die wichtigsten Informationen in Sachen PalmPilot?**	**157**
	Mit anderen Anwendern in Kontakt treten	157
	Tipps, Programme und News aus dem Internet	165
		172
	PalmPilot von A bis Z	**173**
	Stichwortverzeichnis	**181**

Einsteigen

Kapitel 1

Wer erfolgreich sein will, der muss mit seiner knapp bemessenen Zeit sorgsam umgehen und diese gut verplanen. Überall ist die Rede von Stress, Überlastung und Zeitnot. Doch meist liegt dies an der eigenen Unzulänglichkeit. Um die eigene Zeitplanung in den Griff zu bekommen, bedarf es nicht immer eines komplizierten Systems. Mit einem PalmPilot verfügen Sie als Anwender über das notwendige Instrumentarium.

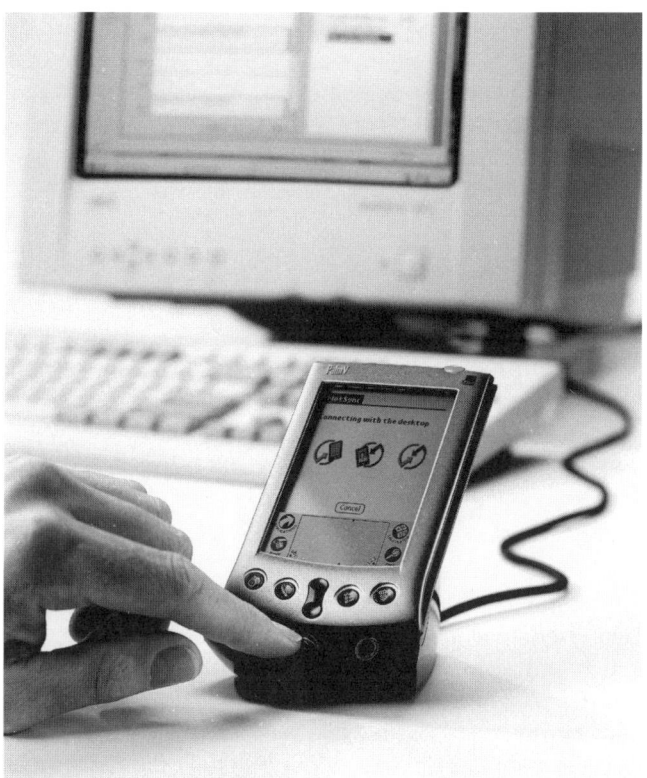

Der Palm Organizer bietet neben seinen Kommunikationsmöglichkeiten ein leistungsstarkes Instrumentarium, das mit Hilfe einiger Grundregeln zu einem nützlichen Arbeitsmittel sowohl im privaten als auch im beruflichen Umfeld wird.

Die richtige Organisation ist die halbe Miete. Viele Probleme beginnen bereits bei der Planung des Tagesablaufs. Wer sich hier nicht an einige Grundregeln hält, erstickt in kürzester Zeit unter einem Berg von Terminen. Wer sich hingegen mit Hilfe des PalmPilot organisiert, der hat gute Chancen, dem Chaos ein Ende zu setzen.

Kapitel 1

Was ist der PalmPilot eigentlich?

Jeden Tag verwalten Sie Ihre Termine, aktualisieren Adressen, sammeln Ideen, verschaffen sich etwas Entspannung, machen sich Notizen, gehen online usw. Die Reihe lässt sich endlos fortsetzen. Was Sie brauchen, ist ein System, das alle diese Anforderungen erfüllen kann.

Abhilfe kann der Palm Organizer der Firma 3Com schaffen. Er ist in erster Linie ein leistungsstarker Taschencomputer. Unter den Bezeichnungen Palmtop, Handheld, PDA, persönlicher Digitaler Assistent bietet er aber wesentlich mehr als ein traditioneller Zeitplaner. Er ist klein und handlich. Der neueste PalmPilot, der Palm V, ist beispielsweise nur 11,5 cm x 7,7 cm x 1 cm groß und bringt lediglich 120 Gramm auf die Waage.

Nach Aussagen des Herstellers können Sie mit rund 2 Mbyte Arbeitsspeicher rund 6000 Adressen abspeichern, 5000 Termine verwalten, 1500 Aufgaben planen, 1500 Merkzettel erstellen und über 200 E-Mails ablegen – eine stattliche Liste von Leistungen. Besonders interessant ist natürlich auch das riesige Angebot an Zubehör, wie Modem oder GSM-Adapter, und das weltweit riesige Software-Angebot, das wirklich jeden Wunsch nach einer bestimmten Lösung abdeckt.

Bereits vorinstalliert sind Programme wie ein Kalender, ein Adressbuch, ein Merkzettel, eine Aufgabenliste und ein Taschenrechner. Für etwas Unterhaltung ist ebenfalls gesorgt. Wem diese Programme nicht ausreichen, der kann aus einem riesigen, weltweiten Pool an Software schöpfen. In erster Linie wird für den PalmPilot Software angeboten, die als Shareware im Internet zum Herunterladen bereitsteht. Wer auch hier nicht das Passende findet, greift zu speziellen Programmierwerkzeugen und erstellt die gewünschte Software selbst. Auch hier existieren unterschiedliche Lösungen, die es ermöglichen, teilweise sehr komplexe Anwendungen individuell zu erstellen.

Termine in den Griff bekommen

Die zentrale Funktion beim PalmPilot stellt zweifelsohne die Terminverwaltung dar. Diese besteht aus den zentralen Bausteinen Termine und Aufgaben. Diese beiden Begriffe sind jeweils in der Terminverwaltung mit einem Zeitraster verknüpft. Dies ermöglicht es

Einsteigen

Ihnen, Ihre Zeitplanung aus unterschiedlichen Ansichten, bestehend aus der Tagessicht, der Wochensicht und der Monatssicht, zu betrachten.

Halten Sie alle Informationen fest, die Sie zum Planen und Koordinieren Ihrer Aktivitäten benötigen. Besonders für die tägliche Arbeit sind Funktionen für die Suche nach einem freien Termin innerhalb eines bestimmten Zeitraums oder der Textrecherche nach vorgegebenen Stichwörtern sehr hilfreich. Eine komfortable Wiedervorlage, eine Zeiterfassung für laufende Tätigkeiten sowie eine integrierte Alarmfunktion sind selbstverständlich für den PalmPilot. Eine Kalenderansicht sowie eine Verwaltung von gesetzlichen Feiertagen verstehen sich von selbst.

Adressen verwalten

Eine interessante Ergänzung stellt die Integration einer Adressverwaltung dar. Durch die Kombination mit Zusatzfunktionen wie das gezielte Suchen nach Ansprechpartnern, das Zuweisen von Notizen und das Vergeben von Kategorien decken Sie die komplette Handhabung Ihrer Adressen ab.

Für die Verwaltung Ihrer Adressen sind zwei unterschiedliche Sichtweisen von Nöten. Zunächst benötigen Sie den Gesamtbestand in Listenform. Mit speziellen Filtern geben Sie Ihrem Adresspool die gewünschte Sortierung bzw. Selektion. Die zweite Sicht betrifft die einzelne Adresse. Hier finden Sie alle Informationen zu einem bestimmten Ansprechpartner. So haben Sie alle relevanten Daten zu einem bestimmten Ansprechpartner im

Kapitel 1

Überblick. Zu jeder Adresse ist auch die separate Notiz-Funktion für eigene Gedanken und Stichworte bei der täglichen Arbeit hilfreich.

Für das Handhaben von sehr großen Datenbeständen ist das Bilden von Adressgruppen über spezielle Kategorien sinnvoll. Hierbei fügen Sie Adressen unter einem bestimmten Kriterium einfach zusammen.

Kommunizieren

Besonders interessant ist natürlich auch die Kommunikationsfähigkeit der kleinen Kiste. Sie können Ihre Mails mit einem der bekannten Mail-Clients (Outlook Express, Outlook, Eudora etc.) auf Ihrem PC synchronisieren. So können Sie beispielsweise die empfangenen Nachrichten in aller Ruhe offline lesen, auf dem PalmPilot beantworten und die Antwort anschließend über den PC wieder verschicken. Der Abgleich der Daten mit dem PC geschieht denkbar einfach. Sie stecken das Gerät in die Docking Station, drücken einen Knopf und schon erfolgt die Synchronisation. Gleichzeitig können Sie auch das Gerät aufladen. Praktisch alle Geräte können mit den Formaten der gängigen Textverarbeitungen, Tabellenkalkulationen und Terminplaner arbeiten. Sie müssen also nicht auf neue Produkte umsteigen, sondern können über eine passende Schnittstelle auf Ihre Daten auch unterwegs zugreifen.

Mit einem passenden Modem oder Handy können Sie sich den Umweg über den PC gleich sparen. Sie können so ortsunabhängig und zu jeder Zeit im Internet surfen, Software laden, elektronische Nachrichten empfangen und versenden, ein Fax abschicken oder eine SMS-Nachricht an einen Handy-Teilnehmer richten. Der Fantasie sind keine Grenzen gesetzt.

Wie setzen Profis den PalmPilot ein?

Längst hat auch die Geschäftswelt den PalmPilot für sich entdeckt. Die Palette der Anwendungen reicht von einfachen, auf Formularen basierenden Anwendungen zum Sammeln von Daten an der Quelle und dem Einspeisen in die Datenbank des Unternehmens bis hin zu komplexeren Anwendungen, bei denen der Organizer als Terminal agiert und bestimmten Aufgaben vorbehalten ist. Am beliebtesten sind jedoch Anwendungen, bei denen das Gerät einen Einblick in Unternehmensinformationen verschafft. Der Benutzer erhält Zugriff auf strategisch wichtige Informationen und kann gleichzeitig Daten an die interne Datenbank weiterleiten.

Beispielsweise sind Sie als Außendienstler in der Lage, Bestellungen abzusetzen und auf Lagerbestände zurückzugreifen. Sie können jederzeit und an jedem Ort auf die gleichen elektronischen Daten und Adressen zugreifen und sie auch mit Kollegen und Geschäftspartnern austauschen. Praktisch alle Palmtops besitzen eine Alarmfunktion, mit der Sie an geschäftliche Termine und Verabredungen erinnert werden.

> ▶ **Konkrete Anwendungen**
>
> Die Firma 3Com bietet unter der Adresse *http://www.palm.com/enterprise* eine Übersicht über existierende Anwendungen, die auf dem PalmPilot realisiert wurden.

Auch hier lässt sich die Reihe von professionellen Anwendungen endlos fortsetzen. Genug der Vorrede. Nun zur detaillierten Arbeit mit Ihrem elektronischen Helfer: dem PalmPilot.

Wie kann ich schnell starten?

Kapitel 2

Natürlich sollten Sie die folgenden Seiten und Kapitel gründlich durcharbeiten. Doch wer wenig Zeit hat und sich schnell einen Überblick verschaffen will, der kann sich anhand dieses Crashkurses die wichtigsten Funktionalitäten und Möglichkeiten des PalmPilot in rund 20 Minuten erarbeiten. Einzelne Themen können Sie dann zu einem späteren Zeitpunkt vertiefen.

Zudem eignet sich dieser Crashkurs auch bestens dazu, sich einen Überblick zu verschaffen, um eine anstehende Kaufentscheidung für einen Personal Digital Assistent zu beeinflussen. Vielleicht greifen Sie auch selten zu Ihrem PalmPilot und wollen einfach nur einige Handgriffe auffrischen.

Schon nach 20 Minuten mit dem PalmPilot arbeiten

In wenigen Schritten lernen Sie den PalmPilot und dessen Möglichkeiten und Funktionen kennen. Jeden Abschnitt finden Sie nochmals vertieft in den folgenden Kapiteln wieder.

Daten eingeben

Eine Besonderheit beim PalmPilot stellt der sogenannte Stylus dar. Dieser Stift steckt in einer Halterung an der Außenseite jedes Palm Organizer. Je nach Modell besteht er entweder vollständig aus Kunststoff oder er weist zumindest eine Kunststoff-Spitze auf. Diese ist notwendig, da der Stylus zur Texteingabe und Steuerung des Palm genutzt wird. Dabei soll tunlichst das Display nicht zerkratzt werden. Daher sind normale Stifte oder andere spitze Gegenstände zur Eingabe nicht geeignet.

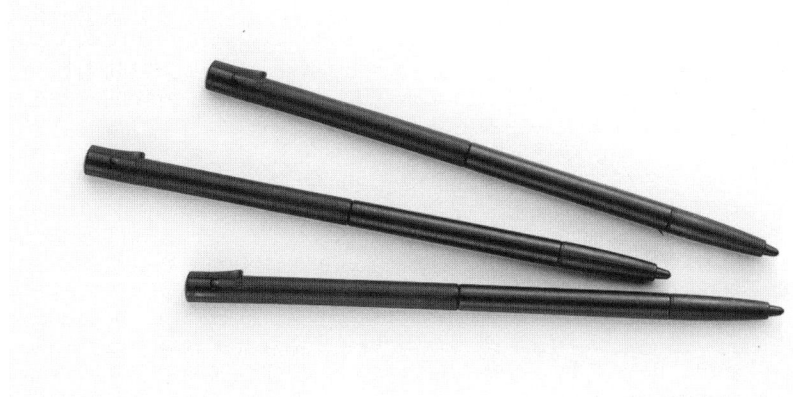

Kapitel 2

Die Texteingabe beim Palm Organizer

Grundsätzlich besitzt jeder PalmPilot drei verschiedene Möglichkeiten, wie Daten in das Gerät gelangen können:

 Erstellen Sie die gewünschten Daten mit einer normalen Anwendung auf Ihrem Personalcomputer. Anschließend überführen Sie beispielsweise den Text in die Desktop-Software. Nun legen Sie das Gerät in die Docking-Station. Durch einen Druck auf die HotSync-Taste werden die gewünschten Informationen übertragen.

 Greifen Sie zur Bildschirmtastatur. Tippen Sie im Schreibbereich des PalmPilot auf den Punkt unter *abc*. Sie können nur die Buchstaben mittels Stylus eingeben. Möchten Sie hingegen Zahlen eintragen, tippen Sie auf den Punkt unter *123*. Die gewünschte Zahlentastatur erscheint auf dem Display.

 Verwenden Sie den Stift, um Graffiti-Zeichen in den Schreibbereich zu schreiben. Die meisten Zeichen sind Großbuchstaben, die in einem einzigen Zug geschrieben werden. Schreiben Sie Buchstaben links und Zahlen rechts in den Schreibbereich. Für die Texterkennung muss der Anwender vorgegebene und standardisierte Zeichen verwenden, die erlernt werden müssen. Eine Erkennung der Handschrift gibt es hier also nicht. Diese normierte Schrift wird als Graffiti bezeichnet.

> ▶ **Aufruf Referenz**
>
> Ein Graffiti-Referenzbildschirm wird angezeigt, indem Sie mit dem Stift im Schreibbereich einen Strich nach oben ziehen. Sie können auch die Graffiti-Referenzkarte zur Hand nehmen.

Wie kann ich schnell starten?

Steuerelemente des Palm Organizer

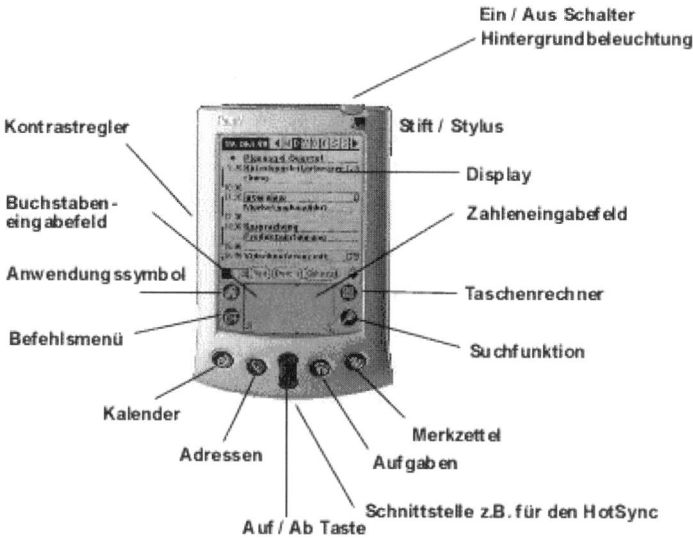

Einen Termin eingeben

Der PalmPilot verfügt bereits über einen vorinstallierten Terminkalender. Sie starten diesen über den linken Hardware-Knopf bzw. Sie finden die entsprechende Anwendung in der Hauptgruppe unter *Kalender*. Nach dem Start des Programms springen Sie sofort zu dem aktuellen Tag.

Es existieren insgesamt drei unterschiedliche Sichtweisen (Tag, Woche, Monat). Am oberen Rand des Displays können Sie über die Pfeiltasten zu den nächsten Terminen, abhängig welche Sichtweise eingestellt ist, gelangen.

Möchten Sie einen neuen Termin eingeben, klicken Sie auf den Button *Neu*. Es erscheint das Dialogfenster *Zeit einstellen*.

Hier können Sie den Beginn und das Ende des jeweiligen Termins einstellen. Durch das Anklicken des betreffenden Feldes und die Wahl der Uhrzeit in den beiden rechten Zeitleisten setzt Sie Ihren Termin zusammen.

Kapitel 2

Entscheiden Sie sich für einen allgemeinen Termin, dem Sie keine konkrete Uhrzeit zuweisen möchten, klicken Sie auf den Schalter *Keine Uhrzeit*. Haben Sie Eingaben vorgenommen, klicken Sie auf OK. Der Termin erscheint nun im Kalender, symbolisiert durch eine Klammer um die jeweiligen Zeiten. Zudem springt die Schreibmarke direkt zu Ihrem Termin.

Nun geben Sie eine Bezeichnung für den betreffenden Termin ein. Über den Schalter *Details* können Sie eine Wiederholung des Termins und einen Alarm einstellen. Zudem lässt sich dem Zeitpunkt eine beliebige Notiz zuordnen.

Eine Adresse eingeben

Natürlich befindet sich auf Ihrem PalmPilot auch eine Adressverwaltung. Sie starten diese über den zweiten Hardware-Knopf von links bzw. finden die entsprechende Anwendung in der Hauptgruppe unter *Adressen*. Nach dem Start des Programms erscheinen sofort alle Adressen in einer alphabetischen Reihenfolge.

Wie kann ich schnell starten?

Über den Button *Neu* am unteren, rechten Rand des Displays können Sie eine neue Adresse eingeben. Sie gelangen nach dem Anklicken sofort auf die erste Seite der Eingabemaske. Es werden die wichtigsten Daten (*Nachname, Vorname, Titel, Firma, Büro, Privat, Fax, Andere, E-Mail, Adresse, Plz*) der Adresse abgefordert. Bei den Feldern, wo ein kleiner Pfeil erscheint, können Sie die Feldbeschreibung aus einer Anzahl von Vorgaben auswählen.

▶ **Kategorie eingeben**

Am rechten, oberen Rand finden Sie die Möglichkeit, jede Adresse einer Kategorie (Firma, Privat, Quicklist, Nicht abgelegt, Kategorie bearbeiten) zuzuordnen. Vergeben Sie die gewünschte Kategorie sofort bei der Eingabe, ansonsten wird die neue Adresse der Kategorie **Nicht abgelegt** zugeordnet.

Wenn Sie im Editiermodus die [Bild↓]-Taste oder den Pfeil nach unten auf dem Display betätigen, gelangen Sie zum zweiten Teil der Eingabemaske. Hier finden Sie weitere Eingabefelder – auch vier Felder, die Sie frei definieren können.

Tippen Sie auf die Taste *Details*, können Sie nachträglich noch die Kategorie eingeben, bei privaten Einträgen bestimmte Felder ausblenden oder komplette Adressen löschen. Zudem lässt sich auch hier eine beliebige Notiz zuordnen. Betätigen Sie die Taste *Fertig*, ist die Adresse gespeichert bzw. gelöscht.

Daten mit dem PC abgleichen

Eine der interessanten Funktionalitäten des PalmPilot ist natürlich der Datenabgleich mit Ihrem PC. Leider wurde der Mac-Besitzer nur unzureichend bedacht. Im Lieferumfang sind weder Hardware noch Software enthalten. Der PC-Besitzer hingegen findet im Lieferumfang das Programm *PalmDesktop* sowie eine Docking Station, sofern Sie den Palm V erworben haben.

Kapitel 2

Zum Anschluss der Docking Station benötigen Sie an Ihrem Rechner einen freien COM-Port. Zukünftig soll es auch für andere Schnittstellen, z.B. USB, entsprechendes Zubehör geben.

Anschließend folgt die Installation der Software. Um diese optimal ablaufen zu lassen, sollten Sie während des Vorgangs kein anderes Programm im Hintergrund laufen lassen. Achten Sie auf die Hinweise des Installationsprogramms. Neben dem *PalmDesktop* werden auch ein Hotsync-Manager sowie das Mail-Setup für die E-Mail-Anbindung installiert.

Der Hotsync-Manager ist zuständig für die Verknüpfung zwischen dem PalmDesktop und der Docking Station. Nach der Installation finden Sie ein entsprechendes Icon in der Taskleiste. Hierüber lassen sich die unterschiedlichen Parameter des Hotsync-Managers einstellen.

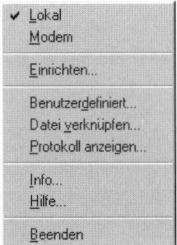

Wie kann ich schnell starten?

Durch ein Mausklick auf das Icon erscheint ein entsprechendes Dialogfenster. Unter dem Menüpunkt *Einrichten* lassen sich die wichtigen Parameter des Lokal- und des Modem-Sync einrichten. Im Register *Allgemein* stellen Sie die Parameter für die Verfügbarkeit des Hotsync-Managers ein. Folgende Einstellungen sind vorhanden:

Entscheiden Sie sich für die Option *Immer verfügbar*, dann wird die Anwendung im Autostart-Ordner von Windows abgelegt. Sie ist somit permanent verfügbar.

Wählen Sie *Nur verfügbar, wenn der Palm Desktop ausgeführt wird*, dann wird der HotSync Manager mit der Desktop-Anwendung gestartet und entsprechend beim Beenden des Programms wieder geschlossen.

Klicken Sie die Option *Manuell* an, müssen Sie den HotSync Manager von Hand starten.

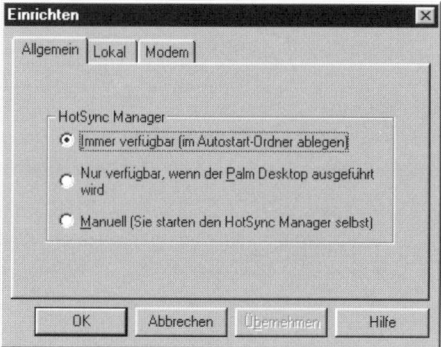

Das Hotsync-Verhalten steuern

Die zweite wesentliche Einstellung für den Hotsync-Manager finden Sie ebenfalls in dem Menüfenster, das sich bei einem Mausklick auf das Symbol in der Taskleiste öffnet. Unter dem Menüpunkt *Benutzerdefiniert* lässt sich das Synchronisieren der Daten gezielt beeinflussen.

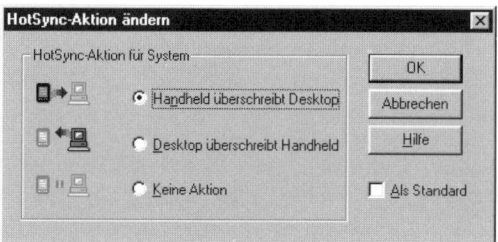

Kapitel 2

Dabei muss der Anwender zwischen drei unterschiedlichen Formen von Einstellungen wählen:

 Zunächst kann für die Programme *Mail, Kalender, Adressbuch, Aufgaben, Merkzettel* und *Kosten* entschieden werden, ob die dazugehörigen Daten bei einem Datenabgleich synchronisiert werden sollen oder die Daten des Palm von dem PC überschrieben werden. Natürlich ist auch die umgekehrte Einstellung (Palm > PC) möglich.

 Hinter dem Parameter *Installation* verbirgt sich die Möglichkeit, neue Anwendungen auf Ihrem PalmPilot zu installieren.

 Die Einstellung *System* legt fest, wie die Daten für Anwendungen synchronisiert werden, die nicht in der ersten Einstellung berücksichtigt werden.

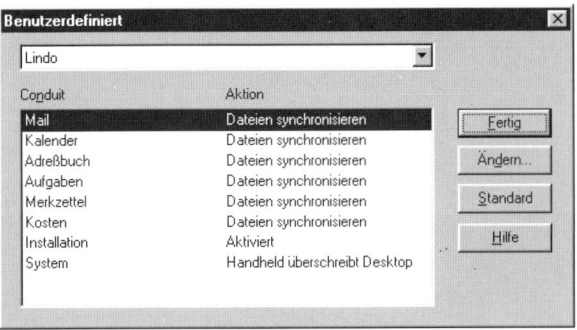

Die genannten Einstellungen sind im ersten Schritt ausreichend, um die Daten zwischen PC und PalmPilot korrekt auszutauschen.

Mails mit dem PC synchronisieren

Nach der Installation der PalmDesktop-Anwendung finden Sie in dem dazugehörigen Ordner den Eintrag *Mail-Setup*. Anhand eines Mail-Client lernen Sie die Möglichkeiten des Synchronisierens von E-Mails zwischen dem PalmPilot und einem Mail-Client kennen.

Im Gegensatz zu einer Vielzahl anderer Mail-Lösungen für Handheld-Geräte ist kein separater E-Mail-Server erforderlich. Stattdessen findet eine Zusammenarbeit zwischen dem Handheld-Gerät und der E-Mail-Anwendung statt, mit der die Synchronisierung in den Posteingängen gewährleistet wird.

Anhand von Microsoft Outlook Express lernen Sie die notwendigen Schritte für ein Zusammenspiel der beiden Anwendungen kennen. In den folgenden Kapiteln wird das Abgleichen von Daten auch mit anderen Standard-Anwendungen beschrieben.

Wie kann ich schnell starten?

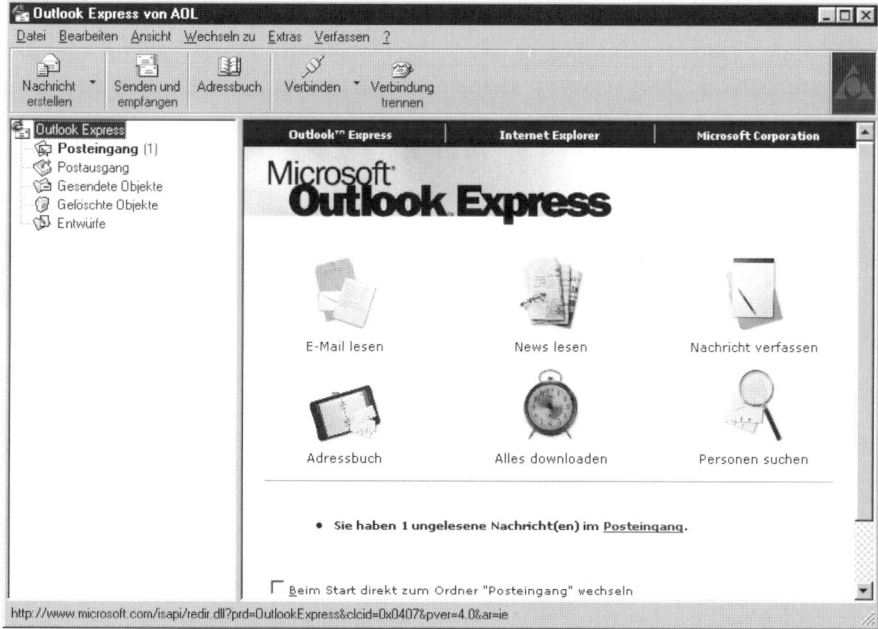

Outlook Express ist der Mail-Client des Internet Explorer 4.0/5.0. Seine Leistungsfähigkeit liegt zwischen der letzten Version von Microsoft-Mail/Exchange und der aktuellen Version von Outlook. Der Bildschirmaufbau erinnert mehr an den Mail-Client von Exchange und hat nur wenig mit Outlook gemein. Die Funktionalität wurde aber erheblich erweitert.

Folgende Schritte sind nun für einen Datenabgleich notwendig:

 Zunächst begeben Sie sich in den Palm Desktop. Hier rufen Sie den Menüpunkt *Benutzerdefiniert* unter dem Punkt *HotSync* auf. Im folgenden Dialogfenster entscheiden Sie sich für den Eintrag *Mail* und markieren diesen. Klicken Sie nun auf den Schalter *Ändern*. Wählen Sie hier die Einstellung *Dateien synchronisieren*.

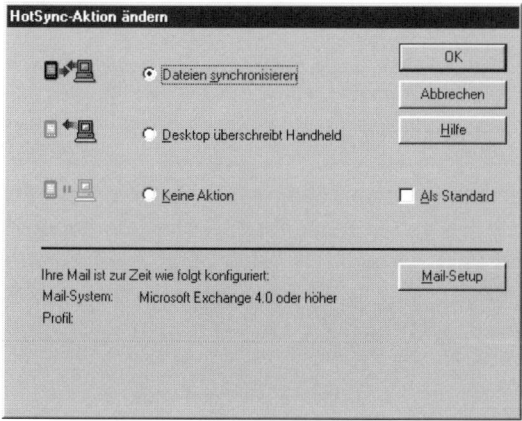

Im nächsten Schritt wenden Sie sich Microsoft Outlook Express zu. Starten Sie die Anwendung und begeben Sie sich zu dem Menüpunkt *Optionen* unter dem Punkt *Extras*. Wählen Sie in dem Menü die Punkte *Outlook Express als Standardprogramm für E-Mail einrichten* und *Outlook Express als Standardclient für Simple-Mapi einrichten*.

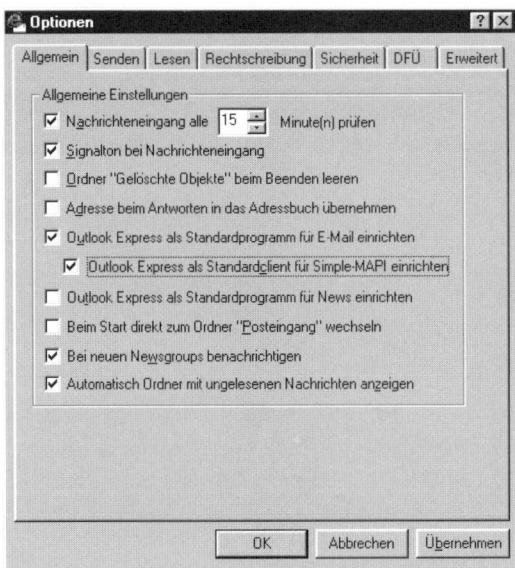

Diese Einstellung wird anschließend mit folgender Meldung quittiert.

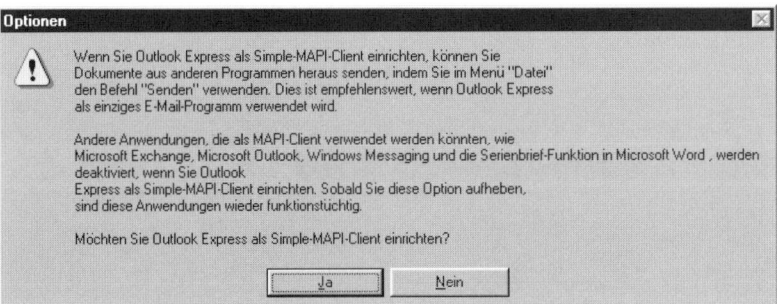

Nach diesen Einstellungen für Ihren E-Mail-Account können Sie ins Internet gehen und aktuelle Nachrichten abholen. Diese werden in den Ordner *Posteingang* abgelegt und beim anschließenden Abgleich (Hotsync) auf Ihren PalmPilot übertragen. Entsprechend funktioniert auch der umgekehrte Weg.

Wie funktioniert der PalmPilot?

Kapitel 3

Die Erfolgsgeschichte des PalmPilot begann bereits im Jahr 1992. Hier entstand der erste Vorläufer der Eingabesoftware Graffiti. 1996 erblickte das erste Gerät das Licht der Computerwelt. Unter dem Namen *Pilot 1000* wurde bereits dieser Palm Organizer ein großer Erfolg. Mit nur 256 Kbyte Speicher war er dennoch voll funktionsfähig. Im gleichen Jahr erschien das Modell *Pilot 5000* auf dem deutschen Markt. Er war baugleich mit dem *Pilot 1000*, besaß jedoch bereits 512 Kbyte Speicher.

Als Betriebssystem wurde PalmOS 1.03 eingesetzt, das besonders durch den gravierenden Fehler im Taschenrechner bekannt wurde. Es folgte der PalmPilot Personal/Professional, der erstmals eine Hintergrundbeleuchtung besaß.

1997 wurde die Firma U.S. Robotics vom Netzwerkhersteller 3Com übernommen. In dieser Zeit erschienen auch die ersten ernst zu nehmenden Konkurrenzprodukte am Markt. Wieder kursierten Übernahmegerüchte. Längst waren Microsoft und Apple interessiert an der Palm-Produktreihe. Doch glücklicherweise kam es zu keiner Übernahme. Ein Jahr später erschien das Erfolgsmodell Palm III mit 2 Mbyte Arbeitsspeicher und einer Infrarot-Schnittstelle.

Anfang 1999 erschienen die Modelle Palm IIIx und Palm V, die in der Ausstattung nur wenig verändert wurden. Eines der Ziele ist die Kompatibilität zu den Vorgängermodellen. Dafür legten die neuen Modelle besonders beim Design zu. In den USA erschien der Palm VII, der mit einem Funkmodem ausgestattet ist. Dieses Gerät ist jedoch für den europäischen Markt nicht vorgesehen.

3Com konnte mittlerweile weltweit bereits über 4 Millionen Einheiten des Palm PDA verkaufen und ist somit der absolute Marktführer in Sachen Organizer.

Der Prozessor

Unter dem Gehäuse des PalmPilot schlägt das Herz eines Micro-Computers der Firma Motorola. Unter dem Namen Dragonball ist der Prozessor vollständig kompatibel zum bekannten Motorola-Prozessor M68000. Er ist hochintegriert und beherbergt bereits alle wesentlichen Bestandteile (Prozessor, Taktgeber, Uhr, Speicherverwaltung, Schnittstellen, Tonerzeugung etc.) auf der Platine. Zwar gehört diese Prozessorgeneration nicht unbedingt zu den schnellsten Prozessoren unserer Zeit, doch aufgrund des niedrigen Stromverbrauchs ist er die ideale Ergänzung für den PalmPilot.

Eine Besonderheit stellt der sogenannte Doze-Modus dar. Die Idee dabei ist, dass ein Prozessor besonders viel Strom verbraucht, wenn er bestimmte Aktivitäten ausführt. Doch ein Prozessor wartet in der Regel die meiste Zeit seines Lebens. Also versetzt man den Prozessor in eine Art Schlummerzustand. Der Takt wird einfach angehalten (Doze) und erst wieder aktiviert, wenn ein Interrupt ihn aktiviert. Dies kann beispielsweise durch das Berühren des Displays durch den Stylus oder durch den Druck einer Taste geschehen. Dieses Umschalten verwaltet ein Spannungswandler, was sich teilweise auch durch ein leises Summen bemerkbar macht.

Dennoch wird in diesem Wartemodus Strom verbraucht. Daher geht der PalmPilot noch einen Schritt weiter. Wird er über den grünen Knopf abgeschaltet oder innerhalb einer vorgebenen Zeitspanne von 1 bis 3 Minuten deaktiviert, versetzt ihn das in einen Sleep-Modus. Hierbei werden Display und Prozessor komplett abgeschaltet. Aus diesem Modus lässt sich das Gerät nur noch über einen Hardware-Interrupt aufwecken. In diesem Modus kann Ihr PalmPilot mehrere Monate verweilen, ohne die Daten zu verlieren.

Der Speicher

Ähnlich wie ein herkömmlicher PC arbeitet auch Ihr PalmPilot mit zwei unterschiedlichen Formen von Speichern. Der ROM-Speicher (Abkürzung für Read Only Memory) ist ein nur lesbarer Halbleiter-Speicher. Er enthält das grundlegende Betriebssystem und die dauerhaften Anwendungen. Dem gegenüber steht der RAM-Speicher (Abkürzung für Random Access Memory). Diese Speicherform verfügt über einen wahlfreien Zugriff, der im Gegensatz zum ROM vom Anwender beschrieben werden kann. Er dient als Arbeitsspeicher des Rechners. Dabei verfügen die verschiedenen Geräte über unterschiedliche Ausbaustufen:

Wie funktioniert der PalmPilot?

Gerät	RAM (Kbyte)	ROM (Kbyte)
Pilot 1000	128	512
Pilot 5000	512	512
PalmPilot Personal	512	512
PalmPilot Professional	1024	1024
Palm III	2048	2048
Palm IIIx	4096	2048
Palm V	2048	2048

Mit Ausnahme des Palm V lassen sich die aktuellen Modelle alle mit einer Speichererweiterung aufrüsten. Der Palm V hat auch keine entsprechende Schnittstelle, um eine Erweiterung aufzunehmen. Alle Speicherbausteine befinden sich bereits auf der Platine.

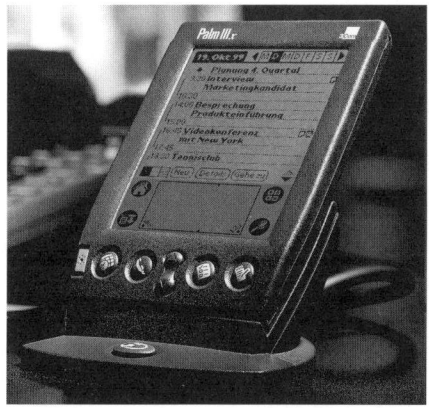

Ab dem Palm III verfügen die Geräte zusätzlich über einen sogenannten Flash-EEPROM. Diese Form von Speicher benötigt zum Datenerhalt ebenso wie ein herkömmlicher ROM-Speicher keinen Strom, kann aber wesentlich einfacher neu beschrieben werden. So können in diesem Speicher nachträglich Anwendungen abgelegt werden. Selbst ein Hard-Rest oder ein Absturz führt nicht dazu, dass das betreffende Programm verloren geht. Mit speziellen Tools lassen sich so die meisten Programme speichersparend in den Flash-Speicher ablegen. Allerdings gibt es einige Anwendungen, die sich absolut nicht in diesen Bereich ablegen lassen.

Das Display

Beim PalmPilot handelt es sich um ein so genanntes LCD (Liqiuid Crystal Display), das direkt über den Prozessor angesprochen wird. Es besitzt eine quadratische Form mit einer Auflösung von 160 x 160 Pixel. Dabei wäre das Display in der Lage, auch vier Graustufen darzustellen. Allerdings wird diese Funktionalität von den aktuellen Betriebssystemen nicht unterstützt.

Seit dem PalmPilot Personal verfügen alle Geräte über eine grüne Hintergrundbeleuchtung, die durch ein längeres Drükken auf den Einschaltknopf aktiviert wird. Bei den Modellen Palm IIIx und V hat 3Com eine völlig neue Form der Hintergrundbeleuchtung gefunden. Hierbei werden nur die aktiven Pixel beleuchtet. Diese Funktionalität ist besonders stromsparend, dafür bei manchen Lichtverhältnissen aber etwas schlecht abzulesen.

Unter dem gesamten Display liegt der eigentliche Digitizer. Er sorgt dafür, dass das Display berührungsempfindlich ist und leitet die per Stylus eingegebenen Impulse an den Prozessor weiter. Der Digitizer bzw. das Display setzt sich aus zwei hauchdünnen Schichten zusammen, die durch eine isolierende Flüssigkeit voneinander getrennt sind. Führen Sie nun den Stylus auf einen bestimmten Punkt, so berühren sich an dieser Stelle die beiden Schichten und es kommt zu einem elektrischen Kontakt. Am Rande der Schichten befinden sich entsprechende Leiter, die die Impulse weiterleiten.

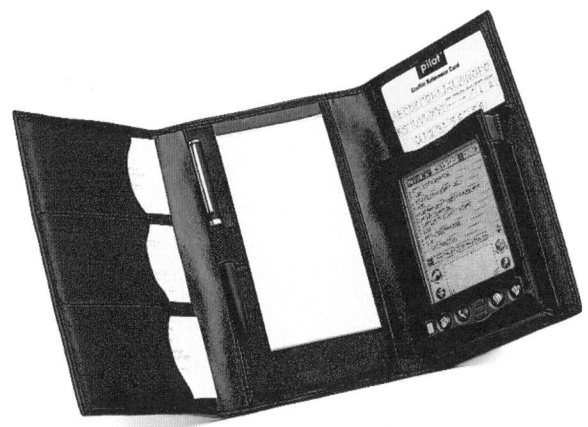

Eine Justierung des Digitizer geschieht durch das Berühren des Displays an drei definierten Punkten. Bei älteren Modellen trat im Laufe der Zeit eine Dejustierung des Displays auf – ein Problem, das erst durch eine neuere Version des Betriebssystems behoben werden konnte. Bei neueren Modellen tritt dieses Problem nicht mehr auf.

Die Schnittstellen

Neben der Infrarot-Schnittstelle ist eine serielle Schnittstelle die einzige Verbindung des PalmPilot zur Außenwelt. So ist eine fehlerfreie Verbindung zu einem PC gewährleistet. Über den HotSync-Schalter wird ein Interrupt erzeugt, der die HotSync-Anwendung aufruft.

Die neuesten Modelle verfügen über einen Infrarot-Sender und -Empfänger. Hierüber lassen sich in erster Linie Daten zwischen zwei Geräten austauschen. Dabei war diese Schnittstelle ursprünglich nur für den Austausch von kleineren Datenmengen ausgelegt. Doch zwischenzeitlich existieren bereits umfangreiche Anwendungen, die die Infrarot-

Wie funktioniert der PalmPilot?

Schnittstelle nutzen. Beispielsweise können Sie Ihren Palm auch als Fernsteuerung für Ihre HiFi-Anlage oder Ihren Fernseher nutzen.

Die Reichweite des Senders liegt bei maximal 5 Meter, allerdings müssen in diesem Fall die Geräte direkt aufeinander gerichtet sein. Die besten Ergebnisse erzielen Sie bei einem Abstand von 1 Meter.

Die Firma IBM, die unter dem Namen IBM Workpad ein baugleiches Modell zum Palm III herausbringt, bietet eine Anwendung an, worüber Sie auch einen HotSync via Infrarot betreiben können. Da der Workpad komplett kompatibel zum Palm III ist, können Sie die Treiber auch bedenkenlos für Ihren PalmPilot nutzen.

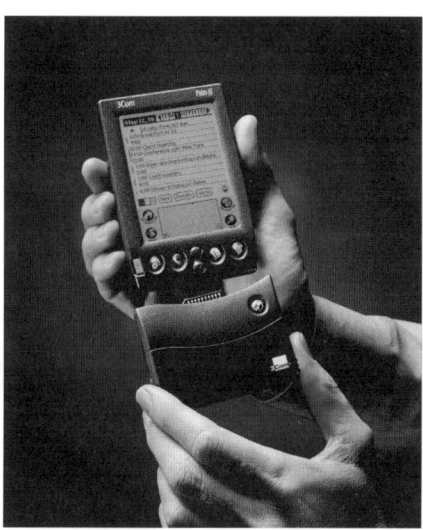

In letzter Zeit finden Sie auf dem Markt auch einige Handys mit einer Infrarot-Schnittstelle. Hier können Sie über diese Schnittstelle drahtlos ins Internet gehen oder E-Mails versenden und empfangen.

Das verfügbare Zubehör

Im Laufe der Zeit gibt es von den unterschiedlichsten Anbietern eine Fülle von sinnvollem und unsinnigen Zubehör. So finden Sie ergänzende Hardware, diverse Kabel zur Anbindung an andere Systeme, vielfältige Behältnisse sowie Stifte und Schutzhüllen für das Display auf dem Markt. Die meisten Anbieter finden Sie dabei direkt im Internet.

Wirklich interessant sind unterschiedliche Geräte zur Online-Anbindung (Modem) sowie eine externe Tastatur. Fast für jede Version des PalmPilot existieren spezielle Modems, die ein direktes Einwählen ins Netz erlauben. Noch einen Schritt weiter gehen Anbindungen an ein GSM-Handy. So haben Sie eine wirkliche Ortsunabhängigkeit gewährleistet.

Für Vielschreiber ist der PalmPilot in der normalen Ausführung eher ungeeignet. Sicherlich lassen sich über den Stylus, mit genügend Übung, viele Zeichen eingeben. Doch wer wirklich viel Text erfassen will, der muss zu einer externen Tastatur greifen. Wer noch eine

Kapitel 3

alte Tastatur des Apple Newton besitzt, der kann diese auch an seinen PalmPilot anschließen.

Die Firma Landware Inc. bietet eine spezielle Tastatur an, die auch die deutschen Sonderzeichen unterstützt. Hier können Sie dann mit zehn Fingern Ihre Texte eingeben.

Natürlich gibt es auch diverse Kabel zur Verbindung mit einem Handy oder einem PC. So lässt sich beispielsweise ein separates Kabel auch für den Anschluss an ein normales Modem verwenden. Selbst ein HotSync kann über ein normales Modem-Kabel durchgeführt werden. In diesem Fall müssen Sie nur die HotSync-Anwendung direkt auf Ihrem PalmPilot starten.

Sehr groß ist auch das Angebot an Taschen, Etuis, Stiften und Schutzfolien für das Display. Hier entscheidet in erster Linie der Geschmack und der tatsächliche Bedarf.

Wie optimiere ich die Grundeinstellungen?

Kapitel 4

Natürlich gibt es auch beim PalmPilot eine Reihe von Funktionen, die programmübergreifend für alle Anwendungen wirken. Dazu gehören Sicherheitsaspekte, das Starten und Entfernen von Anwendungen, das Zurücksetzen des Systems und weitere Funktionen.

Den PalmPilot einrichten

Für die Grundeinstellungen Ihres PalmPilot sind unter der aktuellen Version 3.xx des Betriebssystems PalmOS insgesamt acht Parameter vorhanden. Zuständig ist dafür die Anwendung *Einstellen*. Sie verfügt über die Parameter *Allgemein*, *Benutzer*, *Digitizer*, *Formate*, *Modem*, *Netzwerk* und *Tasten*.

> ▶ **Einstellungen**
>
> Zusätzliche Einstellungen Ihres persönlichen PalmPilot werden in der Datei **Saved_Preferences.prc** abgespeichert. Wird diese Datei nach einem Reset wieder eingespielt, sind alle Einstellungen auf Ihrem Palm Organizer wieder vorhanden.

Nach einem Reset springt das System automatisch in die Einstellung *Allgemein*. Hier werden Datum und die Zeit des automatischen Abschaltens eingestellt. Das Abschalten passiert dann, wenn innerhalb des vorgegebenen Zeitraums keine Berührung mit dem Stylus geschieht. Sie haben die Wahl zwischen 1, 2 oder 3 Minuten. Dann wird das Display abgeschaltet und der Prozessor hält an. Es bleiben alle Daten in diesem Ruhemodus erhalten.

Kapitel 4

> ▶ **Deaktivieren des automatischen Abschaltens**
>
> Über den undokumentierten Shortcut $\lambda.3$ können Sie das automatische Abschalten komplett deaktivieren.

Mit den folgenden Einstellungen lassen sich *Systemsignal*, *Alarmsignal* und *Spielsignal* einstellen. Dabei ist das Alarmsignal zu leise und das Systemsignal störend. Hinter *Empfang* verbirgt sich das Zuschalten des Infrarot-Signals für das Zusammenspiel mit anderen PalmPilots oder mit entsprechend ausgerüsteten Geräten.

Der Digitizer

Sofern Sie das Gefühl haben, dass das Display nicht korrekt auf die Eingaben des Stylus reagiert oder Sie ein Reset ausgelöst haben, kommt der Digitizer ins Spiel. Dahinter verbirgt sich eine Initialisierungsroutine für das Display. Sie müssen dazu drei auf dem Display gezeigte Punkte mit dem Stick berühren.

Die notwendigen Formate

Hinter den Einstellungen des Menüpunkts *Format* verbergen sich die Anzeigeformate der Uhrzeit, des Datums sowie der Zahlen. Zudem können Sie bestimmen, mit welchem Wochentag die eingestellte Woche beginnt. So lässt sich mühelos das Gerät auf unterschiedliche, regionale Gegebenheiten einstellen.

Alle Einstellungen beziehen sich ausschließlich auf die Parameter des PalmPilot. Die Anzeige des Palm Desktop bleibt davon unberührt.

> ▶ **Falsches Format**
>
> Einige Anwendungen benötigen strikt ein bestimmtes Format, um korrekt zu laufen. Nicht jedes Programm ist in der Lage, sich an die Einstellungen des Palm automatisch anzupassen. Hier liegt eine Fehlerquelle. Überprüfen Sie die Einstellung bei einem auftretenden Fehler.

Wie optimiere ich die Grundeinstellungen?

Tasten neu belegen

Sofern Sie über PalmOS Version 2.x und höher verfügen, sind Sie in der Lage, die Hardware-Tasten beliebig zu belegen. Dies betrifft alle fünf Tasten des Palm (*Adressen, Aufgaben, Kalender, Merkzettel* sowie *Hotsync*) am unteren Bereich des Gehäuses sowie den Aufruf des Taschenrechners. So können Sie beispielsweise den eher schwachen Taschenrechner durch eine leistungsstärkere Anwendung ersetzen.

Bei den Einstellungen erscheinen die relevanten Symbole der Tasten. Daneben finden Sie die momentane Anwendung, die auf Knopfdruck gestartet wird. Durch einen Klick auf den Pfeil werden alle verfügbaren Anwendungen in einer Liste angezeigt. Sie müssen sich nur für ein Programm entscheiden. Anschließend ist sofort die gewünschte Anwendung über den jeweiligen Knopf aufrufbar.

Zudem erscheinen auf dem Display die Tasten *Standard, Stift* und *Hotsync*. Über die Einstellung *Stardard* versetzen Sie Ihren PalmPilot wieder in den Zustand bei der Auslieferung. Möchten Sie die Hotsync-Taste ebenfalls mit einer anderen Anwendung belegen, geschieht dies über die entsprechende Taste. Dabei wird in dem Menü zwischen *Docking Station* und *Modem* unterschieden.

> ▶ **Stift**
> Die Beschreibung bezüglich der Taste **Stift** finden Sie unter **Wie richten Sie eine Sperre ein**.

Ein Programm bedienen

Das Betriebssystem des PalmPilot erlaubt es, dass immer nur eine Anwendung aktiv ist. Die zentrale Funktion bei den Anwendungen spielt der sogenannte Launcher, der seit der Version 3 unter PalmOS die Verwaltung der Programme übernimmt. Hierbei handelt es

Kapitel 4

sich um eine eigenständige Anwendung, die Sie über die Taste (links neben dem Graffiti-Feld) starten. Dabei existieren mehrere Kategorien, die Sie selbst verändern und editieren können. Durch mehrmaliges Antippen der Taste wandern Sie durch die einzelnen Kategorien.

Standardmäßig richtet der Launcher folgende Kategorien ein:

Alle: Hier werden alle auf dem PalmPilot vorhandenen Anwendungen angezeigt.

> ▶ **Suche per Anfangsbuchstabe**
>
> Befinden sich in den einzelnen Kategorien sehr viele Anwendungen oder haben Sie die Kategorie **Alle** ausgewählt, so genügt die Eingabe des Anfangsbuchstabens und der PalmPilot springt zu der jeweiligen Anwendung.

Dienstprogramme: Hier können beliebige Hilfsprogramme abgelegt werden. Zu Beginn ist diese Kategorie leer.

Hauptgruppe: Unter dieser Kategorie finden Sie die eigentlichen Hauptanwendungen des PalmPilot (*Adressen*, *Aufgaben*, *Kalender*, *Kosten*, *Mail*, *Merkzettel*, *Rechner*).

System: Um die wesentlichen Grundeinstellungen vorzunehmen, befinden sich die Applikationen *Einstellen*, *Graffiti*, *HotSync*, *Sicherheit* und *Willkommen* in diesem Launcher-Verzeichnis.

Nicht abgelegt: Hier finden Sie alle neuen Programme, die bisher keiner Kategorie zugeordnet worden sind.

Kategorie bearbeiten: In diesem Bereich lassen sich neue Kategorien einrichten oder bestehende verändern.

Wie optimiere ich die Grundeinstellungen?

▶ Löschen einer Kategorie

Löschen Sie eine Kategorie, in der sich noch Anwendungen befinden, werden diese nicht gelöscht, sondern nur in die Kategorie **Nicht abgelegt** verschoben. Um Anwendungen in verschiedenen Kategorien zusammenzuführen, benennen Sie eine Kategorie mit dem Namen der anderen Kategorie.

Zusätzlich bietet der Launcher über seine Menüpunkte noch weitere Funktionen. Über den Punkt *Info* erhalten Sie detaillierte Informationen zu den auf dem PalmPilot befindlichen Programmen. Sie haben dabei die Sichtweise *Speicher*, *Einträge* und *Version*.

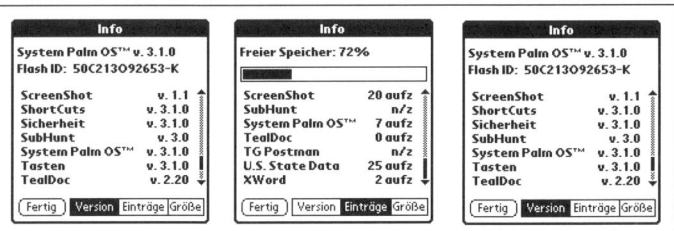

Über den Menüpunkt *Kategorie* des Launcher erhalten Sie eine Liste aller Programme und die jeweilige Zuordnung. Zu jedem Programm finden Sie einen Pfeil. Hierüber rufen Sie ein Menü aller verfügbaren Kategorien auf. Per Klick ordnen Sie hier die jeweilige Applikation einer Kategorie zu.

Eine Besonderheit des PalmPilot stellt der Menüpunkt *Übertragen* dar. Hierüber können Sie ausgewählte Anwendungen per Infrarot auf andere Geräte übertragen.

Kapitel 4

> ▶ **Speicherplatz**
>
> Beachten Sie bei einer Infrarot-Übertragung, dass der Zielrechner über ausreichend Speicherplatz verfügt, da sonst die Übertragung abgebrochen wird.

Allerdings werden bei diesem Vorgang ausschließlich die Programme übertragen, aus Sicherheitsgründen sind die Daten von dieser Funktion ausgeschlossen. Einige Anwendungen, meist registrierte Vollversionen, sind von einer Infrarot-Übertragung ausgeschlossen. Diese erkennen Sie an dem Schloss-Symbol vor dem Programm-Namen.

Wie lösche ich eine Anwendung?

Ebenfalls über den Launcher werden Anwendungen vom PalmPilot gelöscht. Über den Menüpunkt *Löschen* öffnen Sie wiederum eine Liste mit allen Applikationen. Wenn Sie nun mit dem Stylus ein Programm auswählen und anschließend auf den Schalter *Löschen* tippen, ist die Anwendung gelöscht. Beachten Sie dabei, dass es keine Undo-Funktion gibt. Die Anwendung ist unwiederbringlich weg. Sie müssen das Programm neu einspielen.

Bei älteren Versionen des Betriebssystems ist das direkte Löschen über den Launcher nicht möglich. Hierzu müssen Sie über die Funktion *Anw. löschen* das Programm vom Palm entfernen.

Wie optimiere ich die Grundeinstellungen?

▶ Detailliertes Löschen

Leider hat auch der Launcher seine Grenzen. So ist es nicht möglich, nur Anwendungsdaten zu löschen und die eigentliche Applikation bestehen zu lassen. Ein Löschvorgang unter dem Launcher entfernt immer alle Daten, die mit einer Anwendung zusammenhängen. Auch hier müssen Sie auf Shareware-Tools zurückgreifen, die eine bessere Funktionalität bieten.

Wie suche ich gezielt nach Informationen?

Ihr PalmPilot verfügt standardmäßig über eine sehr leistungsstarke Suchfunktion, die alle auf dem Palm verfügbaren Daten durchsucht. Aufgrund der sehr kompakten Speicherung der Daten werden innerhalb kürzester Zeit alle Anwendungen nach der betreffenden Suchanfrage durchforstet. Dabei beginnt der PalmPilot immer in der aktuellen Anwendung. Rufen Sie die Suchanfrage über das Symbol rechts neben der Schreibeingabe auf. Die Funktion ist fest mit dem Icon mit der Lupe verankert.

▶ Noch schneller suchen

Grundsätzlich verfügt ein PalmPilot über eine beachtliche Suchfunktion. Selbst wenn der Speicher komplett belegt ist, ist die Geschwindigkeit beachtlich. Doch es geht noch schneller. Wenn Sie wissen, in welcher Anwendung sich die gesuchten Daten befinden, wechseln Sie zuerst in die betreffende Anwendung. Wenn Sie nun eine Information suchen, ist die Suchgeschwindigkeit beeindruckend.

Leider gibt es bei der Suchfunktionen einige Mankos. So findet die Suche ausschließlich die Einträge, die sich am jeweiligen Wortanfang befinden. Wildcards für die Suche nach beliebigen Buchstabenfolgen werden ebenfalls schmerzlich vermisst. Dafür lässt sich jeder Suchvorgang per Knopfdruck abbrechen. Dies kann bei einem randvollen PalmPilot sinnvoll sein.

Kapitel 4

Das Suchergebnis wird in Form einer Liste, geordnet nach Anwendungen, ausgegeben. Per Stylus-Klick können Sie direkt zu der jeweiligen Stelle springen. Zudem gilt es einige Sonderfälle bei der Suche zu beachten:

1. Sofern Sie Ihre privaten Einträge ausgeblendet haben, werden diese bei einer Suche nicht berücksichtigt. Erst wenn diese wieder eingeblendet sind, bezieht sich die Suche auch auf diese Einträge.

2. Dagegen werden erledigte Aufgaben bei der Suche immer berücksichtigt. Findet die Suchfunktion einen bestimmten String in einer erledigten Aufgabe, werden automatisch alle Aufgaben eingeblendet.

3. Haben Sie einen wiederkehrenden Termin vergeben, wird dieser trotzdem nur einmal bei der Suche berücksichtigt.

▶ **Verbesserte Suchfunktion**

In dem reichhaltigen Software-Angebot finden Sie eine Reihe von Produkten, die eine wesentlich bessere Suchfunktion anbieten.

Reset

Im normalen Betrieb ist ein Reset mit Ihrem PalmPilot eigentlich nicht notwendig. Wer sich ausschließlich auf vorinstallierte Anwendungen beschränkt, wird nicht in die Verlegenheit kommen, überhaupt ein Reset auszulösen. Doch wer sich mit Programmen von Drittanbietern versorgt, wird doch häufiger mit einem PalmPilot konfrontiert, der nach einer bestimmten Aktion den Dienst einstellt. In diesem Fall ist ein Reset fällig.

Ein Reset des PDA lösen Sie einfach durch das Einstecken eines spitzen Gegenstands in die dafür vorgesehene Öffnung auf der Rückseite des Geräts durch. Wer noch über einen älteren PalmPilot verfügt, war im Fall eines Reset immer auf der Suche nach einem passenden Gegenstand. Doch selbst wenn man rasch einen Stift oder eine Nadel zur Hand hatte, musste das Auslösen des Reset sehr vorsichtig geschehen. Wer mit zuviel Kraft in die kleine Öffnung stach, zerstörte die Kunststoffkappe und es kam zu einem Dauer-Reset. Der Weg in die Werkstatt war entsprechend der nächste Schritt für die entnervten

Wie optimiere ich die Grundeinstellungen?

PalmPilot-Anwender. Dies passierte auch, wenn sie irrtümlich nicht die Reset-Öffnung, sondern den Lautsprecher trafen.

Besitzer eines Palm III oder V können über diese Probleme nur noch müde lächeln. Ausgestattet mit einem schraubbaren Stylus, der unter seiner Kappe einen speziellen Stift hat, können sie problemlos den gewünschten Reset auslösen.

Reset-Arten

Auch wenn die Dokumentation des PalmPilot nur zwei unterschiedliche Arten von Resets beschreibt, so gibt es doch insgesamt vier Reset-Formen. Zwei Soft-Resets, die nur das Gerät in einen ursprünglichen Zustand versetzen, wobei die Daten komplett erhalten bleiben. Die beiden Hard-Resets setzen das Gerät ebenfalls zurück, nur sind anschließend die Daten gelöscht. In diesem Fall können Sie nur hoffen, dass die letzte Sicherung Ihrer Daten nicht zu weit zurückliegt. Die unterschiedlichen Ausprägungen des Reset werden durch das Betätigen von bestimmten Tasten während des Drückens des Resetknopfs bewirkt.

> ▶ **Die Uhr beim Reset**
>
> Interessanterweise wird die integrierte Uhr nie von einem Reset berührt. Sie läuft weiter. Wird sie dennoch verstellt, so sollte sie vor dem nächsten Abgleich mit dem PC korrekt eingestellt werden, da es sonst beim Abgleichen der Daten zu bösen Überraschungen kommen kann.

Die einfachste Form ist der einfache Soft-Reset. Hierzu wird nur die Reset-Taste durch einen spitzen Gegenstand ausgelöst. Eine zusätzliche Taste müssen Sie nicht betätigen. Der PalmPilot wird wieder in seinen ursprünglichen Zustand versetzt und der dynamische Speicher wird entsprechend initialisiert. Anschließend meldet sich das Gerät wieder und Sie entscheiden per Klick, ob alle Anwendungen wieder aktiviert sind. Über einen speziellen Code werden damit alle Programme ebenfalls wieder in den Ursprungszustand versetzt.

Kommt es zu einem besonders schweren Absturz Ihres digitalen Begleiters und es führt zu einem Speicherproblem, kann in einigen Fällen ein einfacher Soft-Reset nicht mehr ausreichen. In diesem Fall führen Sie ein Reset aus, ohne dass die anderen Anwendungen über einen Code benachrichtigt werden. Diesen Reset lösen Sie durch das Drücken der Reset-Taste und das gleichzeitige Betätigen der `Bild ↑`-Taste aus. Es wird also nur die fehlerhafte Anwendung in den Ursprungszustand versetzt, andere Programme bleiben davon unberührt. So können Sie die fehlerhafte Anwendung vom Palm löschen und anschließend den PalmPilot durch ein Soft-Reset in den Normalzustand versetzen.

Möchten Sie einen PalmPilot in den Zustand versetzen, in welchem er ausgeliefert wurde, dann ist ein Hard-Reset notwendig. Halten Sie während des Resets einfach den Einschaltknopf gedrückt. Zur Sicherheit kommt aber vor dem eigentlichen Initialisieren eine Sicherheitsabfrage, die mit der `Bild ↑`-Taste bestätigt werden muss. Anschließend sind

Kapitel 4

auf Ihrem PalmPilot nur noch die vorinstallierten Anwendungen vorhanden, allerdings ohne persönliche Daten,. Nun können Sie über einen Hotsync die gewünschten Daten wieder aufspielen. Dabei stellen Sie auf dem Desktop den gewünschten Benutzer ein und die dazugehörigen Daten werden übertragen.

Die vierte Form des Resets versetzt den Palm Organizer in einen jungfräulichen Zustand. Es sind anschließend keine Daten mehr auf dem Gerät. Auch hier halten Sie während des Resets den Einschaltknopf gedrückt. Entsprechend müssen Sie eine folgende Sicherheitsabfrage mit der Bild↑-Taste drücken. Während Sie diese Taste gedrückt halten, betätigen Sie nacheinander alle vier Anwendungstasten. Anschließend ist der PalmPilot leer.

▶ **Sicherheitsmechanismus**

Alle drei Formen des Resets, mit Ausnahme des kompletten Hard-Resets können theoretisch durch Anwendungen ausgelöst werden. Das völlige Löschen des Palm kann zur Sicherheit ausschließlich über die Hardware durchgeführt werden.

Daten schützen

Wer intensiv mit seinem PalmPilot arbeitet, der wird zunehmend seine privaten und geschäftlichen Daten auf das Gerät übertragen. Dazu gehören oft auch Daten, die nicht unbedingt in die Hände anderer Personen fallen sollten. Daher kann es immer passieren, dass ein PalmPilot in der Tasche der falschen Person verschwindet oder Sie das Gerät einfach verlieren. Selbst wenn Sie für eine gewisse Zeit Ihren PalmPilot am Arbeitsplatz unbeaufsichtigt liegen lassen, kann jemand mit einem Handgriff wichtige Daten vom Display erhaschen. Daher sollten Sie bereits im Vorfeld für die entsprechenden Sicherheitsmaßnahmen sorgen:

1. Sichern Sie häufig über einen Hotsync Ihre Daten auf Ihrem PC. Allerdings sollten Sie auch für diese Daten in regelmäßigen Abständen ein Backup durchführen. Denn was hilft Ihnen die beste Sicherung Ihrer PalmPilot-Daten, wenn die Informationen auf Ihrem PC verloren gehen.

2. Wenn Sie das Gerät für einen längeren Zeitraum nicht benutzen, sperren Sie Ihren PalmPilot.

3. Wirklich wichtige Daten gehören entweder nicht auf den PalmPilot oder müssen durch eine zusätzliche Software geschützt werden.

Wie optimiere ich die Grundeinstellungen?

4 Weisen Sie Ihre privaten Daten auch wirklich als privat aus. So können Sie problemlos die Daten vor unberechtigtem Zugriff schützen, indem diese einfach ausgeblendet werden.

5 Wer einen PalmPilot mit dem Betriebssystem 2.0 oder 3.0 besitzt, kann in gesperrtem Zustand einen Hinweistext hinterlegen. Hier sollten Sie Informationen speichern, die einem ehrlichen Finder das Zurückbringen des Geräts ermöglichen.

Persönliche Daten eintragen

Ein wichtiger Beitrag zur Sicherung Ihrer Daten und des PalmPilot ist das Eintragen der persönlichen Daten. Besonders bei einem Verlust des Geräts ist es wichtig, einen Hinweis für den ehrlichen Finder bereitzustellen. Ist das Gerät gesperrt, so präsentiert sich dem Finder ausschließlich Ihr persönlicher Hinweistext. Tragen Sie hier Ihren Namen und einen Hinweis (Telefonnummer, E-Mail-Adresse etc.) ein, damit ein Kontakt hergestellt werden kann.

1 Möchten Sie die persönlichen Daten eingeben, so begeben Sie sich zur Anwendung *Einstellen*.

2 Hier wählen Sie den Menüpunkt *Benutzer*. In einem entsprechenden Dialogfenster geben Sie den Hinweis ein.

3 Erscheint auf dem Display der Eintrag *Sperre aufheben*, so hat sich bereits ein anderer Anwender eingetragen.

4 Die Sperre können Sie nur aufheben, wenn Sie das passende Kennwort zur Sicherung zur Hand haben.

Eine Sperre einrichten

Sie können Ihren PalmPilot so einrichten, dass er beim Einschalten zunächst ein Passwort fordert, um den Betrieb aufzunehmen. Wem dies zu lästig ist, der sollte zumindest das Gerät sperren, wenn der PalmPilot für längere Zeit nicht genutzt wird oder das Gerät unbeaufsichtigt, beispielsweise auf dem Schreibtisch, herumliegt. Ein Sperren ist allerdings erst möglich, wenn Sie ein Passwort vergeben haben.

1 In dem Verzeichnis *System* finden Sie die Anwendung *Sicherheit*. Wählen Sie diese aus.

2 Ihr Interesse gilt dem Schalter *Kennwort*. Sofern hier der Eintrag *Nicht zugewiesen* erscheint, ist bisher noch kein Kennwort vergeben worden. Tippen Sie mit Ihrem Stylus auf den Schalter *Kennwort*. Sie geben nun zwei Mal Ihr gewünschtes Passwort ein.

3 Erscheint in dem Schalter *Kennwort* der Eintrag *Zugewiesen*, so ist bereits ein Passwort vergeben worden. Sofern Sie dies ändern wollen, müssen Sie zuvor das bestehende Passwort zur Bestätigung eingeben.

4 Anschließend können Sie über die Option *Gerät ausschalten & sperren* das Gerät sofort sperren.

Auf dem gleichen Dialogfenster finden Sie noch die Option *Private Einträge*. Hiermit können Sie Ihre privaten Daten ausblenden. Sie sind im Regelfall nicht sichtbar. Erst mit der Eingabe des Kennworts erscheinen sie in den unterschiedlichen Anwendungen auf dem Display.

Wie optimiere ich die Grundeinstellungen?

Sofern Sie Ihr Passwort vergessen haben, können Sie sich mit der Option *Vergessenes Kennwort* behelfen. Bestätigen Sie diese Funktion, so wird das gespeicherte Kennwort gelöscht. Allerdings werden damit auch alle privaten Einträge vom PalmPilot entfernt. Daher sollten Sie vor dieser Aktion einen Datenabgleich mit Ihrem Rechner vornehmen.

▶ Gesperrt und ohne Kennwort

Schlechter sieht es für Sie aus, wenn Sie das Kennwort vergessen haben und das Gerät gesperrt ist. Dann hilft nur noch ein Hard-Reset, um den PalmPilot wieder in Betrieb zu nehmen.

Leider verwenden nur sehr wenige Anwender diesen Sicherheitsmechanismus für Ihren PalmPilot. Ein Grund ist sicherlich die recht umständliche Art des Sperrens. Allerdings können Sie das Sperren auch etwas komfortabler vornehmen.

5 Begeben Sie sich erneut zu der Anwendung *Einstellen*.

6 Wählen Sie den Menüpunkt *Tasten*.

7 Tippen Sie mit dem Stylus auf den Schalter *Stift*.

8 Es erscheint eine Funktion, die es Ihnen ermöglicht, eine bestimmte Funktion (*Aus & sperren*, *Hintergrundlicht*, *Tastatur*, *Graffiti-Hilfe*, *Daten übertragen*) zu definieren. Durch das Ziehen des Stylus vom Schreibbereich auf den oberen Bildschirmrand starten Sie diese Funktion.

Kapitel 4

9 Legen Sie auf diese Funktion das Sperren des PalmPilot.

> ### ▶ Sicherheitssoftware
>
> Wem die vorgestellten Sicherheitsmassnahmen für seinen PalmPilot nicht ausreichen, der sollte auf die Software eines Fremdanbieters zurückgreifen. Hier gibt es sehr interessante Software, die jeden Sicherheitswunsch abdeckt.

Sicherungsdateien

Bei allen Sicherheitsvorkehrungen kommt es im ungünstigsten Fall vor, dass Sie ein Hard-Reset ausführen müssen und bei dem anschließenden Abgleich der Daten über den PC stellen Sie fest, dass auf dem PC ein Fehler vorliegt.

Ein Indiz für einen Fehler auf dem PC sind Fehlermeldungen während der Synchronisation der beiden Geräte. Achten Sie genau darauf, bei welchen Informationen das Problem auftaucht. So können Sie beispielsweise bereits im Vorfeld mögliche Fehler eliminieren. Ähnlich sieht es aus, wenn nach einem Datenabgleich unsinnige Daten auf Ihrem PalmPilot auftauchen.

Dennoch gibt es in einigen Fällen eine Möglichkeit, einem kompletten Datenverlust vorzubeugen. Bei der Erstellung eines neuen Anwenders wird unter dem Verzeichnis *Palm* ein eigenes Verzeichnis angelegt. Hierunter wiederum finden Sie die Datenverzeichnisse der installierten Anwendungen. Dabei ist natürlich die Benennung und Anzahl der Unterverzeichnisse von den genutzten Software-Produkten abhängig. Zumindest die Verzeichnisse für die wichtigsten Programme *Adressen*, *Aufgaben*, *Kalender* und *Merkzettel* sind bei jedem Anwender vertreten. Zu jedem Produkt ist entsprechend ein eigenes Verzeichnis auf dem PC vorhanden.

In jedem dieser Verzeichnisse finden Sie zwei Dateien mit den Endungen .DAT und .BAK. In den Dateien mit der Endung .DAT befinden sich die eigentlichen Daten, mit denen das System arbeitet. BAK-Dateien sind reine Sicherungskopien. Wissen Sie, welche Daten fehlerhaft sind, so benennen Sie die DAT-Datei in einen beliebigen Namen um. Anschließend benennen Sie die BAK-Datei in eine DAT-Datei um. Anschließend lassen Sie die Daten auf Ihrem PalmPilot überschreiben, damit auch hier die Fehler eliminiert werden.

Wie optimiere ich die Grundeinstellungen?

Idealerweise sollte Sie vor diesem Vorgang alle Daten sichern. Zudem funktioniert dieses Prinzip nur, wenn Sie den Fehler rasch bemerkt haben. Arbeiten Sie bereits seit längerer Zeit mit den fehlerhaften Daten, so werden mit Sicherheit die Fehler auch auf den Sicherungskopien der Dateien sein.

> ▶ **Datensicherung**
>
> Eine der wichtigsten Grundregeln ist die Datensicherung auf Ihrem PC. So lassen sich die Inhalte des PalmPilot bequem sichern.

Datensicherung

Die größte Angst des Anwenders ist das plötzliche und unerwartete »Ableben« der eigenen Festplatte. Nicht immer kündigt sich das Ende der Platte durch untypi-sche Geräusche und gelegentliche Leseprobleme an. In diesem Fall haben Sie meist noch genügend Zeit, Ihre Daten zu retten und eine neue Festplatte einzubauen. Dieser Spaß wird aber teuer. An die eleganteste Lösung hätten Sie leider vorher denken müssen – die Datensicherung!

Die Datensicherung lässt sich grob in zwei Klassen unterteilen. Sie wird nach Ihrem Umfang und der Art der Auslösung unterschieden. Sie können Ihren gesamten Datenbestand sichern oder nur Teile davon. Die Komplettsicherung bietet die größte Sicherheit. Ihr gesamter Datenbestand, inklusive aller Programme, Dateien und des Palm Desktop befindet sich anschließend auf Ihrer Sicherungskopie. Diese Methode nimmt aber auch die meiste Zeit in Anspruch. Es empfiehlt sich, in regelmäßigen, aber größeren Zeitabständen eine Komplettsicherung durchzuführen. Arbeiten Sie täglich mehrere Stunden an Ihrem Rechner, muss sie wöchentlich oder sogar häufiger erfolgen. Setzen Sie Ihren PC nur sporadisch ein, z.B. für private Zwecke, so kann sie auch monatlich oder sogar quartalsweise erfolgen.

Bei der Teilsicherung können Sie den zu sichernden Datenbestand nach unterschiedlichen Kriterien auswählen. Wenn Sie regelmäßig Ihre Daten sichern, so reicht es zwischen zwei Komplettsicherungen aus, nur die Dateien zu sichern, die sich geändert haben. Die meisten Sicherungsprogramme besitzen eine Einstellung, in der Sie das Archivbit oder das Datum der letzten Änderung prüfen. Anhand dieses Merkmals werden nur diese Dateien gesichert, die sich nach der letzten Sicherung geändert haben. Diese Sicherungsart wird als inkrementelle oder Zuwachssicherung (incremental/differential backup) bezeichnet.

Ein anderes Verfahren, die zu sichernden Datenmengen einzugrenzen, ist die Einschränkung der Sicherung auf bestimmte Laufwerke oder Verzeichnisse (Teilsicherung), beispielsweise nur die Daten Ihres PalmPilot. Bringen Sie alle Texte und wichtigen Dateien auf einem Laufwerk oder in einem Hauptverzeichnis unter. Dateien, die Sie sich leicht wieder beschaffen können, wie Programme, zu denen Sie noch die Originaldatenträger besitzen, bringen Sie dann an einer anderen Stelle unter. Jetzt ist es nur noch erforderlich, das Laufwerk oder Verzeichnis mit den wichtigen Dateien zu sichern.

Virenschutz

Glücklicherweise sind bisher keine Viren für den PalmPilot bekannt. Doch dies ist auf Grund der enormen Verbreitung der Geräte wahrscheinlich nur eine Frage der Zeit. Dennoch können Sie sich beim Herunterladen von gepackten Dateien zumindest einen Virus holen, der für Ihren PC bestimmt ist. Wo das Versenden von Dateien praktiziert wird, sind auch die Voraussetzungen für den Virentransport gegeben. Dies ist aber kein spezielles E-Mail-Problem. Ein virenverseuchtes Programm ist prinzipiell gleich gefährlich, egal ob Sie es per Diskette oder per Mail erhalten. Beherzigen Sie auch hier den Rat: Starten Sie keine Programme, die Sie von Unbekannten erhalten.

Programme sind jedoch nicht die einzigen Virenquellen. Heute sind bereits Viren bekannt, die den Autostart-Mechanismus von *Microsoft Word* für ihre Verbreitung verwenden. Dies betrifft entsprechend eine Dokumentation für ein Palm-Programm. Öffnen Sie daher keine unbekannten Dokumente, bevor Sie nicht einen Virenschutz installiert haben. Allen bisher aufgezeigten Verbreitungswegen ist eines gemein: Die Viren wirken erst, wenn sie aktiviert werden. Sie starten nicht selbstständig.

Wie gebe ich Daten ein?

Kapitel 5

Grundsätzlich bietet ein PalmPilot drei unterschiedliche Wege zur Eingabe von Daten. Zunächst können Sie Ihre Daten auf einem PC erstellen und anschließend legen Sie Ihren PalmPilot in die Docking-Station und übertragen die Daten via HotSync.

Die zweite, wesentlich interessantere Methode ist die Eingabe von Texten und Zahlen mittels Graffiti-Schrift. Hier geben Sie mit einem speziellen Zeichensatz per Stift Ihre Daten über das Eingabefeld des Pilot ein.

Die dritte Methode ist der Einsatz der integrierten Bildschirmtastatur. Mit Hilfe des Stifts (Stylus) berühren Sie die einzelnen virtuellen Tasten.

So funktioniert die Graffiti-Schrift

Eine der interessanten Möglichkeiten des PalmPilot ist die Texteingabe mittels Stift in das dafür vorgesehene Eingabefeld. Dabei beschreitet das Gerät, im Vergleich zu anderen Handhelds, einen einfachen und doch genialen Weg. Nicht der Computer passt sich der Schrift des Anwenders an, sondern der Nutzer muss das so genannte Graffiti-Alphabet erlernen. So ist relativ wenig Intelligenz seitens des PalmPilot notwendig, um eine fehlerfreie Eingabe zu garantieren. Allerdings müssen Sie als Anwender die notwendigen Schriftzeichen selbst erlernen und trainieren. Daher müssen Sie zunächst etwas Zeit investieren, um mit dem Gerät von 3Com schnell und fehlerfrei zu arbeiten. Mit etwas Übung allerdings stellen sich schnell die ersten Erfolge ein.

▶ **Referenzkarte**

> Im Lieferumfang des PalmPilot befindet sich eine Referenzkarte aller Symbole. Diese passt genau in die Innenseite der Abdeckung und ist immer griffbereit, wenn es mit der Graffiti-Schrift nicht weitergeht.

Grundsätzlich sind natürlich die einzelnen Zeichen der Graffiti-Schrift ähnlich der vergleichbaren Buchstaben, daher können Sie bereits instinktiv bei den ersten Versuchen eine hohe Trefferquote verzeichnen. Für eine schnelle und fehlerfreie Eingabe der Zeichen sollten Sie dennoch einige Dinge beachten:

1. Jedes Zeichen besitzt einen eindeutigen Anfangspunkt, der in allen Referenzen mit einem Punkt gekennzeichnet ist. Diesen sollten Sie zwingend für jedes Zeichen verinnerlichen, da besonders bei ähnlichen Zeichen die Unterscheidung nur ein differierender Startpunkt ist.

2. Fast alle Zeichen erfordern es, dass sie in einem Zuge geschrieben werden. Wer innerhalb eines Zeichens den Eingabestift absetzt, erzeugt entsprechende Fehler.

3. Das Eingabefeld umfasst eine Auflösung von nur 106x56 Pixel. Entsprechend dieser doch recht niedrigen Auflösung sollten Sie die Zeichen so groß wie möglich eingeben.

4. Das Eingabefeld ist zweigeteilt. Im linken Bereich geben Sie Buchstaben, im rechten Bereich Zahlen und Sonderzeichen ein. Halten Sie sich strickt an diese Vorgabe. So vermeiden Sie das lästige Korrigieren von Eingabefehlern.

5. Führen Sie den Stift möglichst in einem rechten Winkel zum Eingabefeld. Ein nicht korrektes Halten des Stifts führt zu Fehleingaben.

6. Schreiben Sie in normaler Geschwindigkeit. Eine sehr langsame oder schnelle Eingabe führt meist zu fehlerhafter Interpretation von Zeichen durch das System.

7. Gibt es auch nach längerem Üben immer noch Probleme mit der Graffiti-Schrift, so gibt es spezielle Anwendungen, mit denen Sie die Schrift noch intensiver üben können.

▶ Spiele Giraffe

Wer die Graffiti-Schrift lieber spielerisch erlernen will, greift zu dem kleinen Spiel Giraffe. Je nach Spielstufe müssen Sie vom oberen Display-Rand herunterfallende Buchstaben eliminieren, in dem Sie diese mittels Graffiti im Eingabefeld schreiben. Tritt eine Übereinstimmung auf, verschwindet der jeweilige Buchstabe. Beim PalmPilot Personal und Professional befindet sich das Spiel bereits im ROM, bei allen anderen Modellen müssen Sie es nachträglich installieren.

Wie gebe ich Daten ein?

Die Graffiti-Schrift können Sie in allen Programmen anwenden, die Texte, Zahlen oder Sonderzeichen zur Arbeit benötigen. Dazu platzieren Sie im ersten Schritt die Stelle, an der das Zeichen erscheinen soll. Anschließend beginnen Sie mit der Arbeit im Eingabefeld mittels Stift. Heben Sie den Stift nach der Eingabe des jeweiligen Zeichens an, erkennt das Gerät sofort diese Aktion und stellt das Zeichen auf dem Display dar. Sie können daher auch mit einer sehr schnellen Eingabefrequenz mit dem PalmPilot arbeiten. Wichtig ist nur, dass Sie sauber und korrekt die Eingaben vornehmen.

Grundsätzlich unterscheidet sich die Eingabe von Großbuchstaben und Kleinbuchstaben nicht. Vielmehr teilen Sie dem Gerät über ein Umschaltsymbol, ähnlich wie mit der Umschalttaste bei Ihrer Computertastatur, mit, dass nun ein Großbuchstabe folgt.

▶ *Großschreibung*

> Die Großschreibung aktivieren Sie in der Graffiti-Schrift durch einen senkrechten Strich von unten nach oben. Entsprechend erscheint ein Symbol (ein Aufwärtspfeil) am rechten, unteren Rand des Displays. Wer ausschließlich mit Großbuchstaben arbeiten will, gibt zwei Mal das Symbol für die Großschreibung ein, bevor er mit der Eingabe beginnt.

Neben Buchstaben beherrscht Ihr PalmPilot natürlich auch Zahlen und die wichtigsten Sonderzeichen. Die Eingabe von Zahlen unterscheidet sich nur durch die Position des Eingabebereichs.

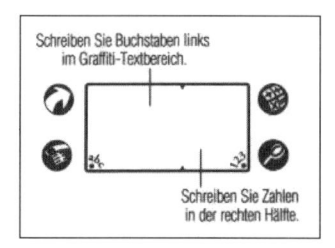

Satzzeichen und Sonderzeichen

Die Eingabe von Inhalten ist natürlich nur sinnvoll, wenn neben Buchstaben und Zahlen auch Sonderzeichen und Satzzeichen verfügbar sind. Dies bietet natürlich Ihr PalmPilot ebenfalls. Speziell für das Arbeiten mit Satzzeichen bietet das Gerät einen speziellen

Modus, den Sie durch das einfache Antippen der Eingabefläche aktivieren. Bestimmte Sonderzeichen sind auch in diesem Modus verfügbar. Auch hier erscheint am rechten, unteren Rand des Displays das dazugehörige Zeichen. Im Fall des Satzzeichenmodus handelt es sich um einen Punkt.

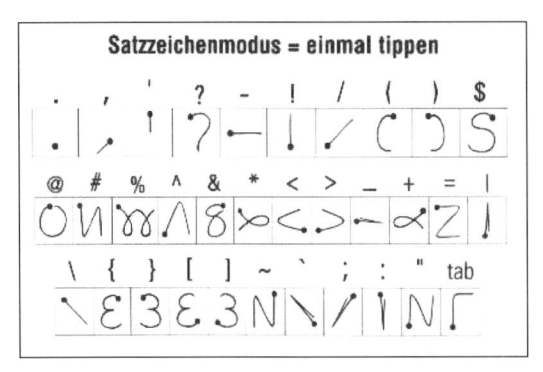

Darüber hinaus existiert noch ein Modus speziell für Sonderzeichen, den Sie durch einen von links oben nach rechts unter verlaufenden Schrägstrich im Schreibbereich aktivieren. Dieser wird durch einen Schrägstrich im Display gekennzeichnet.

▶ Alle Symbole

Ab der Version 2.0 bietet das Betriebssystem PalmOS alle Symbole als Hilfefunktion, die Sie über den Menüpunkt **Bearbeiten/Graffiti** aufrufen.

In vielen Sprachen werden zu einzelnen Buchstaben Akzente benötigt. Auch diese unterstützt Ihr Pilot.

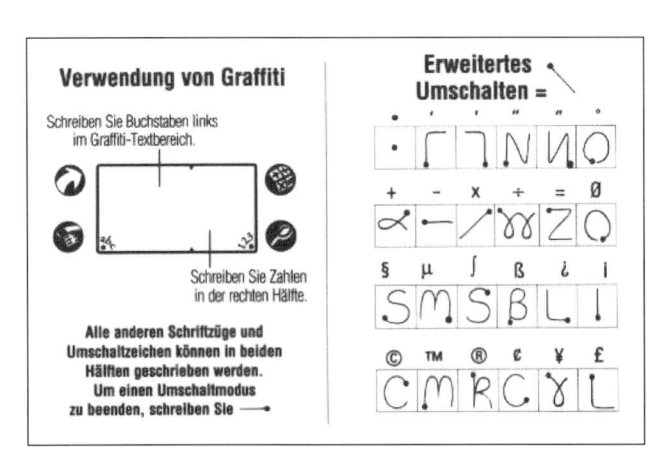

Wie gebe ich Daten ein?

Zeichen mit Akzent	Besondere Schriftzüge
Zur Eingabe der folgenden Buchstaben mit Akzent: à á â ã ä å è é ê ë ì í ï ò ó ô õ ö ù ú û ü ÿ y ñ, Schreiben Sie zuerst den jeweiligen Buchstaben und dann den Akzent wie folgt: ` ´ ^ ~ ¨ Ñ ÿ ○ Die folgenden Zeichen können mit Graffiti ohne Umschalten geschrieben werden: ç æ C E	Einzelheiten siehe PalmPilot-Gebrauchsanweisung. ShortCuts · Befehlszeichen · Cursor nach links · Cursor nach rechts · Nächstes Feld (Adreßbearbeitungsbildschirm) · Vorheriges Feld (Adreßbearbeitungsbildschirm) · Eintrag öffnen (Adreßbearbeitungsbildschirm)

Noch schneller schreiben

Anwender und Entwickler sind ständig auf der Suche, um die Eingabe von Zahlen und Texten mittels Graffiti zu beschleunigen. Neben dem regelmäßgen Üben der einzelnen Zeichen gibt es einige Tricks und Tipps, die jeder ambitionierte Anwender bei der Arbeit mit dem Palm berüchsichtigen sollte. Beim konsequenten Arbeiten mit der Graffiti-Schrift werden Sie rasch eine deutlich schnellere Eingabegeschwindigkeit erreichen.

▶ Große Buchstaben

Schreiben Sie zur Erhöhung der Graffiti-Erkennungsfähigkeit ausschließlich Großbuchstaben.

Grundsätzlich gibt 3Com für jeden Buchstaben, jedes Sonderzeichen und jede Zahl eine genaue Stiftführung vor, um das Zeichen auf dem Display zu erzeugen. Doch findige Tüftler haben für einige Zeichen bessere und schnelle Eingaben gefunden:

Der Buchstabe B:

Verzichten Sie einfach auf die beiden vertikalen Striche bei dem B. Schreiben Sie einfach eine 3.

Der Buchstabe C:

Fügen Sie anstelle eines C das "kleiner als"-Zeichen ein.

Der Buchstabe D:

Versuchen Sie es einmal mit dem folgenden Symbol. Hierbei gibt es selten eine Fehleingabe.

Der Buchstabe F:

Beginnen Sie bei diesem Symbol einfach mit dem Stift von unten. Geben Sie vorher einen Punkt ein, fügen Sie einen Tabulator im Text ein.

Der Buchstabe G:

Warum geben Sie das komplizierte G ein, schreiben Sie im Textfeld einfach eine klassische 6.

Der Buchstabe J:

Benutzen Sie einfach die Kante des Gehäuses und ziehen Sie damit eine genaue Waagrechte im rechten Winkel nach links.

Der Buchstabe L:

Benutzen Sie einfach die Kante des Gehäuses und ziehen Sie damit eine genaue Waagrechte im rechten Winkel nach rechts.

Der Buchstabe N:

Zeichnen Sie das N einfach etwas schräger, Sie reduzieren damit die Fehlhäufigkeit bei der Eingabe.

Wie gebe ich Daten ein?

Der Buchstabe P:

Machen Sie beim P weniger Fehler, indem Sie es von unten nach oben schreiben.

Der Buchstabe Q:

Versuchen Sie diese Variante beim Q.

Der Buchstabe R:

Starten Sie bei der Eingabe von unten nach oben. Es werden sich kaum noch Fehler einstellen.

Der Buchstabe S:

Geben Sie einfach eine 5 in das rechte Graffiti-Feld ein.

Der Buchstabe V:

Wenn der horizontale Strich eine ausreichende Länge besitzt, dann spielt die Länge der beiden anderen Striche keine Rolle mehr.

Der Buchstabe X:

Geschrieben wie ein Spiegelbild des Buchstabens K.

Der Buchstabe Y:

Schreiben sie das Y mit Punkt so, erhalten Sie das &.

Kapitel 5

> ▶ **Bessere Sonderzeichen**
>
> Um eine Klammer fehlerfrei zu schreiben, sollten Sie den Strich möglichst groß machen und darauf achten, dass Sie den oberen Teil des Bogens sauber schreiben. Dabei sollten Sie beide Klammern sehr bauchig zeichnen. Beim Komma sollten Sie in der rechten unteren Ecke des Graffitifeldes beginnen. Insbesondere der Winkel des Kommas sollte eingehalten werden.

Graffiti lernen ohne Handbuch

Natürlich haben Sie nicht immer alle Unterlagen und Beschreibungen zur Hand, um bestimmte Sachverhalte nachzulesen. Dies gilt besonders für die Graffiti-Schrift, die vom Anwender gefordert und erlernt wird. Doch es gibt eine Rettung für unerfahrene PalmPilot-Besitzer: die Graffiti-Hilfe.

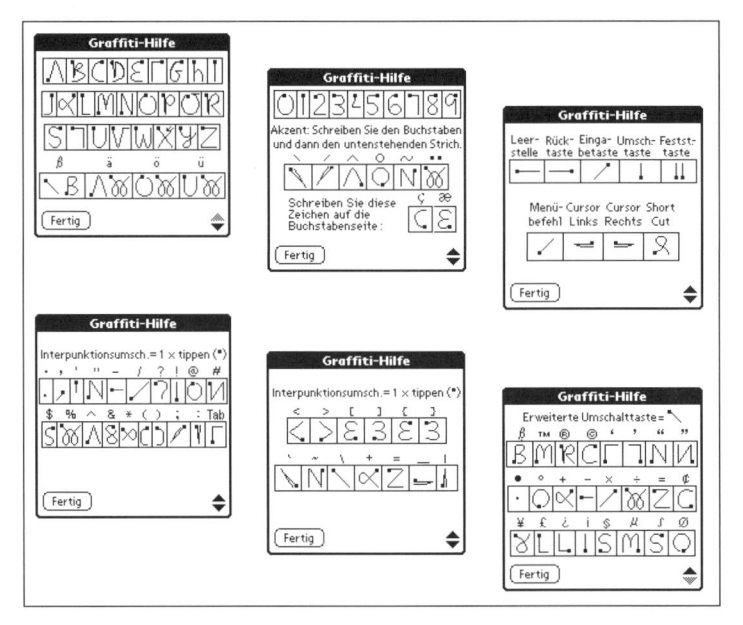

Shortcuts

Hinter der Bezeichnung Shortcut verbergen sich einfache Textbausteine, die per Kürzel einen bestimmten Inhalt an einer bestimmten Stelle in einer Anwendung platzieren. So können Sie über einen Shortcut eine Floskel, eine Grußformel oder einen häufig genutzen Text in kürzester Zeit auf dem Display erscheinen lassen. So sind Sie beispielsweise in der Lage, mit Hilfe des Kürzels *mfg* die bekannte Brieffloskel *Mit freundlichen Grüßen* aufzurufen.

Wie gebe ich Daten ein?

Grundsätzlich kann ein Shortcut bis zu maximal 45 Zeichen aufnehmen, wozu auch Sonderzeichen und Leerstellen gerechnet werden. Zudem können Sie diese Textbausteine nur in Programmen nutzen, in denen eine Texteingabe vorgesehen ist. Andere Programme oder weitere Shortcuts lassen sich mit einem Shortcut nicht aufrufen. Zudem können Sie sie nur über die Graffiti-Schrift aufrufen.

Es sind bereits standardmäßig einige Shortcuts in Ihrem Palm enthalten. Dabei nehmen die drei letzten Kürzel eine besondere Stellung ein, da sie die Uhrzeit bzw. das aktuelle Datum an einer gewünschten Position einfügen:

1. ab – Abendessen
2. fr – Frühstück
3. mi – Mittagessen
4. ds – Datum
5. dzs – Datum und Zeit
6. zs – Zeit

> ▶ **Veränderte Shortcuts**
> Bitte beachten Sie, dass mit der Einführung von PalmOS Version 3 die vorgegebenen Shortcuts verändert wurden.

Shortcuts erzeugen oder verändern

Zunächst aktivieren Sie das Dialogfenster *Einstellen* unter dem Menüpunkt *System*. Hier aktivieren Sie im rechten, oberen Auswahlmenü den Punkt *Shortcuts*. Es werden alle aktiven Shortcuts in Form einer Liste aufgezeigt. Über den Schalter *Bearbeiten* können Sie Änderungen vornehmen, über *Löschen* entfernen Sie einen Shortcut und über den Punkt *Neu* erzeugen Sie einen neuen Shortcut. Möchten Sie ein Kürzel bearbeiten oder löschen, muss natürlich der jeweilige Shortcut markiert sein.

Für die Erzeugung eines neuen Shortcuts sind zwei Eingaben notwendig. Unter *Shortcut-Name* geben Sie das Kürzel ein, über das der Shortcut zukünftig von Ihnen aufgerufen wird. Unter *Shortcut-Text* geben Sie den eigentlichen Text des Bausteins ein.

> ▶ **Leerzeichen im Shortcut**
>
> Geben Sie am Ende eines Shortcuts immer ein Leerzeichen ein. So ersparen Sie sich immer das nachträgliche Einfügen eines Leerzeichens zwischen Shortcut und dem eigentlichen Text.

Zum Ausführen eines Shortcuts führen Sie zunächst das Shortcut-Zeichen aus (griechisches Gamma – wurde erst mit der Version 2 von PalmOS eingeführt, zuvor wurde eine geschweifte Klammer benutzt). Anschließend geben Sie das jeweilige Kürzel ein. Beachten Sie dabei, dass zunächst alle Zeichen am Display erscheinen. Erst wenn Sie alle Eingaben vorgenommen haben, setzt Ihr PalmPilot den Shortcut um.

Bei der Übertragung der Daten auf Ihren PC werden auch die von Ihnen neu definierten Shortcuts gesichert. Diese werden im Verzeichnis *Backup* in der Datei *Graffiti-Shortcuts.prc* abgelegt. Allerdings lassen sich die Shortcuts ausschließlich auf dem PalmPilot bearbeiten.

Die Shortcuts der Menüeinträge

Jedes gute grafikorientierte Betriebssystem verfügt über ein Menüsystem. Natürlich bietet diese Funktionalität auch PalmOS. Der Aufruf der Menüs ist etwas umständlich gewählt (Sie betätigen den rechten, unteren Schalter neben dem Graffiti-Feld), dennoch erfüllen die Menüs ihren Zweck. Glücklicherweise gibt es dafür bei PalmOS nur einstufige Menüs. Wer verschachtelte Menüs liebt, sollte daher lieber mit Microsoft Windows arbeiten.

Wie gebe ich Daten ein?

Im Normalbetrieb sind die Menüs nicht sichtbar, was aus Platzgründen auch sinnvoll ist. Dennoch ist der Einsatz von Menüs bei jeder Anwendung unterschiedlich. Hier gibt es keine einheitliche Vorgehensweise. Die Art und Ausprägung der Menüs hängt daher ausschließlich von der Entscheidung des Entwicklers der jeweiligen Anwendung ab. Im Zweifelsfall sollten Sie einfach etwas herumprobieren.

Wirklich interessant sind die Menüs bei Programmen, die sich mit der Textverarbeitung beschäftigen. Ähnlich wie bei einem klassischen Editor können so Arbeiten wie das Kopieren, Ausschneiden oder Einfügen von Textstellen problemlos vorgenommen werden. Über einen definierten Buchstaben, kombiniert mit einem diagonalen Strich von links unten nach rechts oben (Graffiti-Feld), greifen Sie direkt auf die jeweilige Funktion zu.

Menü-Eintrag	Shortcut
Eintrag	
Neues Formular	/N
Löschen	/D
Übertragen	/R
Bearbeitung	
Rückgängig (Undo)	/U
Ausschneiden	/X
Kopieren	/C
Einfügen	/V
Alles auswählen	/A
Tastatur	/T
Graffiti-Hilfe	/G
Optionen	
Schrift	/F
Seitenanfang	/S
Seitenende	/Z
Telefonbuch	/B

Tabelle 5.1: Übersicht der Menü-Shortcuts am Beispiel der Anwendung »Merkzettel«

Undokumentierten Shortcuts

Natürlich wartet Ihr PalmPilot auch mit einigen undokumentierten Shortcuts auf. Allerdings funktionieren diese nicht auf jedem Gerät. Sie sollten daher einfach die folgenden Shortcuts ausprobieren. Bei diesen undokumentierten Befehlen geben Sie zunächst das Shortcut-Kürzel ein. Anschließend folgen ein Punkt und eine Zahl.

Beachten Sie bei der Eingabe des Punkts, dass Sie zweimal den Punkt eintippen:

.1 öffnet einen speziellen Debug-Modus, der die serielle Schnittstelle öffnet. Ist in erster Linie für Entwickler gedacht. Achtung: Verbraucht sehr viel Strom. Schnell sind die Batterien in diesem Modus leer. Dieser Modus lässt sich nur durch ein Reset abschalten.

.2 öffnet ebenfalls einen Debug-Modus.

.3 schaltet das automatische Abschalten des Geräts nach einer bestimmten Zeit ab. Um diese Funktion wieder in Betrieb zu nehmen, müssen Sie die gewünschten Einstellungen über den Menüpunkt *Einstellen* vornehmen.

.4 zeigt den Namen des Benutzers sowie die entsprechende numerische ID an.

.5 löscht alle Einstellungen des Benutzers und den letzten HotSync-Log. Sie erzielen mit diesem Shortcut die Wirkung eines Hard-Resets, ohne jedoch die Daten zu löschen.

.6 wirft das Datum und die Uhrzeit des ROM aus.

Wie gebe ich Daten ein?

7 .7 schaltet die Spannungspegel für die Hinweise zwischen Alkaline-Batterien und NiCd-Akkus um, sofern welche verwendet werden.

8 .8 schaltet das Display bei Hintergrundbeleuchtung auf invers, was eine bessere Lesbarkeit bewirkt. Funktioniert ausschließlich beim PalmPilot IIIx und V.

9 .s leitet die Infrarot-Befehle direkt auf die serielle Schnittstelle des Pilot um.

10 .t schaltet einen Debug-Modus für die Infrarot-Übertragung ein.

11 .i aktiviert die Infrarot-Übertragung, auch wenn Sie in den Grundeinstellungen diese Funktionalität ausgeschaltet haben.

> ### ▶ Gefährliche Shortcuts
> Achten Sie darauf, dass einige undokumentierte Shortcuts nicht ganz ungefährlich sind. Sie bewirken teilweise den sofortigen Verlust Ihrer Daten. Zudem existiert bei PalmOS Version 2.x ein Fehler bezüglich der Shortcuts. Bei jedem Soft-Reset wird die Datei Graffiti_Shortcuts.prc um Shortcuts erweitert. Nehmen Sie daher häufiger ein Reset vor, wächst die Datei auf eine beachtliche Größe an.

Kapitel 5

Die Computertastatur

Wer mit der Graffiti-Schrift nicht gerne schreibt, der kann alternativ zur integrierten Computertastatur greifen. Dabei können Sie in jeder Anwendung auf die alternative Eingabeform zurückgreifen. Neben dem Graffiti-Feld finden Sie die kleinen Schalter *abc* (zur Texteingabe) und *123* (zur Zahleneingabe).

Unterhalb der Tastatur finden Sie zudem drei Schalter, über die Sie zwischen den unterschiedlichen Tasten schalten können. So existieren für Zahlen und Sonderzeichen eigene Menüs. Haben Sie die jeweilige Eingabe beendet, klicken Sie auf den Schalter *Fertig*. Anschließend verschwindet die Tastatur und der Text oder die Zahlen erscheinen an der gewünschten Stelle.

> ▶ **Aufruf über das Menü**
>
> Natürlich können Sie die Computertastatur auch über das Menü aufrufen. In der entsprechenden Anwendung, beispielsweise beim Erstellen eines Merkzettels, wählen Sie über den Menüpunkt **Bearb./Tastatur** die gewünschte Eingabehilfe.

Wie wende ich die Standardprogramme an?

Kapitel 6

Bereits die ersten Modelle des PalmPilot boten dem Anwender eine Handvoll Anwendungen. Dazu gehörten die Programme *Adressen* (Adressenverwaltung), *Aufgaben* (Aufgabenliste), *Kalender* (Terminkalender), *Merkzettel* (Notizbock) und *Rechner* (Taschenrechner). Bis zum heutigen Tag hat sich daran nicht viel geändert. Bei den aktuellen Modellen sind die Applikationen *Mail* (Empfangen und Versenden von elektronischen Nachrichten) und *Kosten* (Kostenverwaltung) dazugekommen. Alle Programme liegen im ROM (Read Only Memory) und belegen somit keinen kostbaren Arbeitsspeicher. Dafür können Sie auch nicht von Ihrem PalmPilot entfernt werden.

Das Angebot des Palm Organizer erscheint im ersten Blick etwas spartanisch. Doch die Idee, die dahinter steckt, ist so einfach wie genial. Im ersten Schritt sind die vorhandenen Standardprogramme völlig ausreichend. Durch die Offenlegung aller Schnittstellen und den einfachen Installationsvorgang für Erweiterungen hat sich ein riesiges, zusätzliches Software-Angebot herausgebildet. Entsprechend kann sich jeder Anwender seinen individuellen PalmPilot zusammenstellen.

> ▶ **Lernprogramm:** *Giraffe*
>
> Auch das kleine Unterhaltungsprogramm Giraffe, das zum spielerischen Erlernen der Graffiti-Schrift dient, gehört zu den Standardprogrammen. Besonders in diesem Spiel haben sich einige Entwickler mit versteckten Funktionen verewigt.

Auf den folgenden Seiten finden Sie in erster Linie Ergänzungen zu den einzelnen Anwendungen, da die eigentliche Handhabung bereits durch das Handbuch zum PalmPilot bestens abgedeckt wird.

Kapitel 6

Der Kalender

Natürlich darf bei einem elektronischen Organizer ein Terminkalender nicht fehlen, der dem Anwender einen so genannten *ewigen* Kalender zur Verfügung stellt. Sie müssen im Vergleich zum tradionellen Kalender nicht jedes Jahr die festen Termine umtragen und werden bei fälligen Verabredungen durch ein Signal erinnert.

```
6. Dez 99   ◀ M D M D F S S ▶
 8:00
 9:00 Meeting Jahresplaninhalt 2000
10:00
11:00 Pufferzeit
12:00
13:00 Geschäftsessen Dr. Müller
14:00
15:00 Strategie-Sitzung Region Süd
16:00
17:00
18:00
  ▪ ▪ ▦ (Neu) (Details) (Gehe zu)
```

Der PalmPilot verfügt bereits über einen vorinstallierten Terminkalender. Sie starten ihn über den linken Hardware-Knopf bzw. Sie finden die entsprechende Anwendung in der Hauptgruppe unter *Kalender*. Insgesamt präsentiert sich das Programm als leistungsstarke Anwendung, die nur wenig Wünsche offen lässt. Nur das Zusammenspiel mit den anderen Standardanwendungen des PalmPilot könnte etwas besser sein. Zudem verfügt das Programm als einzige Anwendung über keine Kategorien, um eine Unterscheidung bei den einzelnen Terminen vorzunehmen.

Nach dem Start des Programms springen Sie sofort zum aktuellen Tag. Es existieren insgesamt drei unterschiedliche Sichtweisen (Tag, Woche, Monat). Am oberen Rand des Displays können Sie über die Pfeiltasten zu den nächsten Terminen, abhängig welche Sichtweise eingestellt ist, gelangen.

Es gibt nur Termine mit und ohne Uhrzeit. Termine ohne Uhrzeit sind beispielsweise Geburtstage oder Urlaub. Diese sind nicht an eine bestimmte Zeit gebunden. Dabei bezieht sich jeder Termin ausschließlich auf den aktuellen Tag. Die kleinste Zeiteinheit beträgt dabei 5 Minuten. Zu jedem Termin können Sie einen Kommentar ablegen, der maximal 255 Zeichen umfassen darf. Zeilenumbrüche sind ebenfalls möglich. Wem dies nicht ausreicht, fügt einfach eine Notiz von maximal 4.096 Zeichen an.

> ▶ *Sommerzeit*
>
> In der heutigen Ausprägung unterstützen der PalmPilot und das Betriebssystem PalmOS Version 3.x nicht die Umstellungen zwischen Sommer- und Winterzeit. Jedoch existieren spezielle Tools, die so etwas für Sie übernehmen. Ansonsten müssen Sie selbst Hand anlegen.

Einen Termin eingeben

Möchten Sie einen neuen Termin eingeben, klicken Sie auf den Button *Neu*. Es erscheint das Dialogfenster *Zeit einstellen*. Sie können auch die Anwendung *Kalender* aufrufen und sofort mit dem Schreiben von Text beginnen. Anschließend wird automatisch ein Termin

Wie wende ich die Standardprogramme an?

ohne Uhrzeit eingerichtet. Geben Sie zuerst eine Zahl ein, springen Sie sofort in den Dialog zur Eingabe der Uhrzeit.

Natürlich können Sie auch direkt zu einem bestimmten Termin springen. Hier können Sie den Beginn und das Ende des jeweiligen Termins einstellen. Durch das Anklicken des betreffenden Feldes und die Wahl der Uhrzeit in den beiden rechten Zeitleisten setzen Sie Ihren Termin zusammen.

▶ Termin via Infrarot

Eine Besonderheit des PalmPilot stellt die Möglichkeit dar, einen Termin einfach mit anderen PalmPilot-Anwendern per Infrarot-Schnittstelle direkt abzugleichen. Allerdings können Sie nur jeweils mit einem Anwender den Termin abgleichen.

▶ Übergreifende Termine

Eine deutliche Schwäche der Kalenderfunktion ist, dass Termine nicht über mehrere Tage möglich sind. Sie können keinen Termin eingeben, der beispielsweise am ersten Tag um 15.00 Uhr beginnt und am nächsten Tag um 20.00 Uhr endet. Möchten Sie dennoch Aktivitäten eingeben, die über mehrere Tage laufen, müssen Sie mit Wiederholungen der Termine arbeiten.

Entscheiden Sie sich für einen allgemeinen Termin, dem Sie keine konkrete Uhrzeit zuweisen möchten, klicken Sie auf den Schalter *Keine Uhrzeit*. Haben Sie Eingaben vorgenommen, klicken Sie auf *OK*. Der Termin erscheint nun im Kalender, symbolisiert durch eine Klammer um die jeweiligen Zeiten. Zudem springt die Schreibmarke direkt zu Ihrem Termin.

Nun geben Sie eine Bezeichnung für den betreffenden Termin ein. Über den Schalter *Details* können Sie eine Wiederholung des Termins und einen Alarm einstellen. Zudem können Sie dem Zeitpunkt eine beliebige Notiz zuordnen.

> **Zeitlimit**
>
> Der PalmPilot unterstützt einen Zeithorizont bis zum Jahre 2031. Der Hersteller 3Com verspricht aber, bis dahin mögliche Probleme durch ein Update in den Griff zu bekommen.

Einen Termin löschen

Wer intensiv mit seiner Terminverwaltung arbeitet, bei dem wächst sehr schnell die Termindatenbank zu einer beachtlichen Grösse an. Dies macht sich besonders beim Synchronisieren mit dem PC bemerkbar, da immer der gesamte Terminbestand abgeglichen wird, und nicht nur die Veränderungen. Entsprechend sollten Sie regelmäßig alte Termine löschen, sofern diese nicht mehr benötigt werden. Zur Sicherheit können Sie ein Backup der Termindatenbank ablegen.

Sie können sowohl im Desktop über den Menüpunkt *Extras/Ereignisse* als auch am PalmPilot selbst, über *Eintrag/Entfernen*, Termine löschen. Sie können eine Zeitspanne von maximal einem Monat löschen. Beim nächsten Hotsync werden dann die entsprechenden Termine, die in dieser Zeitspanne liegen, von Ihrem PalmPilot entfernt. Möchten Sie eine andere Periode löschen, müssen Sie entweder die Termine einzeln entfernen oder das Systemdatum des PC zurücksetzen. Dies kann aber bei der Synchronisation zu Problemen führen.

Wie wende ich die Standardprogramme an?

Individuelle Einstellungen

In der aktuellen Version des PalmPilot (Version 3.x) sind bereits eine stattliche Anzahl von individuellen Einstellungen für den Terminkalender vorhanden. Folgende Einträge sind unter dem Menüpunkt *Eintrag* möglich:

1 *Neues Ereignis*: Sie fügen einen neuen Termin ein. Die Anwendung springt direkt in das Dialogfenster *Zeit einstellen*.

2 *Ereignis löschen*: Markieren Sie einen Termin und löschen Sie diesen über diese Funktion.

3 *Notiz anfügen*: Fügen Sie eine Notiz an einen bestimmten Termin an. Es muss zwingend ein Termin ausgewählt sein.

4 *Notiz löschen*: Löschen Sie eine Notiz. Auch hier muss zwingend ein Termin ausgewählt sein.

5 *Entfernen*: Löschen von vergangenen Terminen in einer Zeitspanne von einer Woche bis zu einem Monat.

6 *Ereignis übertragen*: Der ausgewählte Termin wird über die Infrarot-Schnittstelle zu einem anderen Anwender übermittelt.

Folgende Einträge sind unter dem Menüpunkt *Optionen* möglich:

7 *Schrift*: Wählen Sie unter drei verschiedenen Schriftarten ein für Ihre Termine aus. Die Einstellung gilt ausschließlich für den Termintext. Die Uhrzeit und die mögliche Notiz bleiben von dieser Einstellung unberührt.

Kapitel 6

8 *Einstellungen*: Hier finden Sie einige Basis-Einstellungen für den Kalender. Beispielsweise können Sie die Anfangs- und Endzeiten für jeden Tag einstellen. Maximal lassen sich 24 Stunden anzeigen lassen. Allerdings müssen Sie dann über eine Pfeiltaste zu den einzelnen Stunden scrollen. Die Zeitspanne von 8.00 Uhr bis 18.00 Uhr lässt sich ohne Scrollen auf dem Display darstellen (einzeilig). Zudem können Sie bei den Einstellungen auch individuelle Parameter für den Alarm setzen. Entscheiden Sie sich, ob jeder neue Termin mit einem Termin versehen wird, welches Alarmsignal Sie wählen (Sie haben ab dem Palm III insgesamt sieben Alternativen), wie häufig Sie an einen Termin erinnert werden (maximal 10) und welchen Zeitabstand die Erinnerungen zueinander haben.

▶ Alarmfunktion

Besitzer älterer PalmPilot sind recht schlecht mit unterschiedlichen Alarmfunktionen versorgt. Auch hier hält der Shareware-Markt wesentlich leistungsstärkere Programme bereit. Um den Alarm im Kalender besser zu hören, wählen Sie einfach ein anderes Alarmsignal.

9 *Anzeigeoptionen*: Hier können Sie bei der Tagesansicht die Zeitleisten ein- bzw. ausblenden. Standardmäßig ist die Option abgeschaltet, was für die tägliche Arbeit unsinnig ist. Also schalten Sie die Zeitleisten unbedingt ein. Wählen Sie die Option *Tagesansicht komp.* (komprimiert), dann werden nur die Termine eingeblendet, die auch tatsächlich über einen Eintrag verfügen. Dies gilt aber nur, wenn die Termine nicht mehr auf das Display passen, besonders wenn Sie einen besonders großen Zeitraum pro Tag eingestellt haben. Eine hilfreiche Einstellung! Abschließend können Sie noch per Option entscheiden, ob bei der Monatssicht Uhrzeiten und Wiederholungen eingeblendet werden.

Wie wende ich die Standardprogramme an?

Telefonbuch: Hinter der Option *Telefon* verbirgt sich eine wirklich interessante Anwendung. Sie können so einem beliebigen Termin einen Eintrag in Ihrer Adressenverwaltung zuordnen. Sie springen dazu in die Liste Ihrer Ansprechpartner, wählen eine Person aus, klicken die Taste Einfügen an und schon ist der Ansprechpartner mit Namen und Rufnummer in Ihrem Terminkalender.

> ▶ **Einträge aus dem Telefonbuch**
>
> Natürlich können Sie einem Termin auch mehrere Ansprechpartner zuordnen. Sie müssen dazu die Funktion **Optionen/Telefonbuch** mehrmals wiederholen. Ein Zurückspringen vom Termin zum Ansprechpartner funktioniert leider nicht.

Zwischen verschiedenen Kalenderansichten wählen

Der Kalender Ihres PalmPilot bietet Ihnen die Möglichkeit, Ihre Termine aus drei unterschiedlichen Sichten (Tages-, Wochen- und Monatsansicht) zu betrachten. Zwischen den einzelnen Ansichten wechseln Sie entweder über die entsprechenden Symbole innerhalb der Anwendung oder durch mehrmaliges Drücken der rechten Hardware-Taste (Kalenderknopf) des PalmPilot.

> ▶ **Aktuelle Uhrzeit**
>
> Innerhalb der Tagesansicht wird durch ein Klicken auf das Datum kurzfristig die aktuelle Uhrzeit eingeblendet.

Die Tagessicht wurde bereits auf den vorhergehenden Seiten erläutert. Doch auch die anderen Sichten bieten interessante Funktionen. In der Wochenansicht wird eine komplette Kalenderwoche angezeigt. In der oberen, rechten Seite des Displays können Sie über die Pfeiltasten in andere Kalenderwochen wechseln.

Kapitel 6

Termine mit Uhrzeiten werden durch Balken angezeigt. Durch das Anklicken per Stylus auf einen bestimmten Balken wird ein Fenster mit allen relevanten Daten zu diesem Termin eingeblendet. Termine außerhalb der angezeigten Zeitspanne werden durch einen waagerechten Strich oberhalb bzw. unterhalb der Anzeige angedeutet. Ein Punkt signalisiert einen Termin ohne Uhrzeit.

▶ Kalenderwoche

Seit 1976 ist der Wochenbeginn auf Montag festgelegt. Die erste Woche des Jahres ist definiert als die Woche, in die mindestens 4 der ersten 7 Januartage fallen (also die Woche, in der der 4. Januar liegt). Beides wurde in der DIN 1355 definiert. Inhaltlich gleich regelt das die Internationale Norm ~ISO 8601, die von der Europäischen Union als EN 28601 übernommen und in Deutschland als DIN EN 28601 umgesetzt wurde. Demzufolge haben die meisten Jahre 52 Wochen. Der jährliche überzählige Tag sowie die Schaltjahre führen aber dazu, dass es alle 5 bis 6 Jahre ein Jahr mit 53 Wochen gibt, so die Jahre 1992, 1998, 2004, 2009, 2015. Da es keine halben Wochen gibt, gehören manche Tage ihrer Kalenderwoche nach zu einem anderen Jahr als es der üblichen Datumsangabe entspricht (z.B. gehört der 2. Januar 2000 noch zur 52. Kalenderwoche 1999).

Gibt es eine Überschneidung von Terminen, so werden beide Termine durch jeweils einen halbierten Balken angedeutet. Selbst mehrere Überschneidungen werden durch eine Schraffur angezeigt, was allerdings bei einem guten Zeitmanagement nicht passieren darf.

▶ Termine verschieben

Drücken Sie in der Tagesansicht des Kalenders auf die Bildlauftaste, um jeweils um einen Tag vor- oder zurückzublättern. Um ein Ereignis zu einem anderen Tag bzw. einer anderen Uhrzeit zu verschieben, tippen Sie auf Details und ändern dort den Tag bzw. die Uhrzeit.

In der Wochenansicht lassen sich Termine problemlos verschieben. Klicken Sie mit Ihrem Stylus auf den betreffenden Balken und verweilen Sie dort, bis eine Markierung um den

Wie wende ich die Standardprogramme an?

Balken erscheint. Nun können Sie diesen Termin innerhalb der aktuellen Kalenderwoche verschieben. Über den Schalter *Geh zu* können Sie zu einer anderen Kalenderwoche springen. Innerhalb der Monatssicht springen Sie über diesen Befehl zu einem anderen Monat.

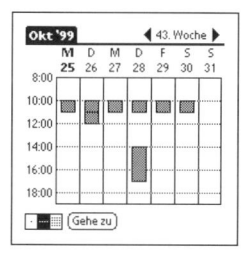

Innerhalb der Monatssicht werden die Termine durch unterschiedliche Symbole dargestellt:

1 Ein senkrechter Strich deutet einen Termin mit Uhrzeit an.

2 Liegt der Termin am Vormittag, wird das Symbol am oberen Bereich des Tages angezeigt und entsprechend unten, wenn es sich um einen Abendtermin handelt. Termine in der Mittagszeit sind in der Mitte der Anzeige zu finden.

3 Ein Kreuz signalisiert einen Termin ohne Uhrzeit.

4 Eine gepunktete Linie zeigt einen wiederkehrenden (wiederholten) Termin an.

Wiederkehrende Termine

Ein wirklich interessantes Instrument ist der wiederkehrende Termin. So lassen sich mit wenigen Handgriffen der wöchentliche Termin oder ein Geburtstag im PalmPilot einstellen. Dabei wird die Information dazu nur einmal abgelegt, was natürlich Speicherplatz spart. Zudem lassen sich so wiederkehrende Termine problemlos verschieben. Sie haben die Intervalle Tag, Woche, Monat und Jahr zur Auswahl.

Jeder wiederkehrende Termin lässt sich mit einem Endtermin und einem Wiederholungsintervall versehen. Interessanterweise lassen sich aus einer so entstandenen Kette von Terminen auch einzelne Termine löschen, ohne dabei die Funktion außer Kraft zu setzen.

Das Adressbuch

Natürlich befindet sich auf Ihrem PalmPilot auch eine Adressverwaltung. Sie starten sie über den zweiten Hardware-Knopf von links bzw. Sie finden die entsprechende Anwendung in der Hauptgruppe unter *Adressen*. Nach dem Start des Programms erscheinen sofort alle Adressen in einer alphabetischen Reihenfolge. Es stehen Ihnen insgesamt 19 Felder pro Ansprechpartner zur Verfügung. In jedem Feld können Sie 255 Zeichen eingeben. Bei allen Telefon-Feldern können Sie die Bezeichnung verändern. Sie haben rund acht Alternativen (*Büro*, *Privat*, *Fax*, *Andere*, *E-Mail*, *Firma*, *Funkruf*, *Handy*). Diese Telefonfelder werden separat abgespeichert und können bei jedem Ansprechpartner differieren. Bei den letzten vier Feldern können Sie sich bei der Bezeichnung frei entscheiden. Zudem kann jeder Adresse eine Notiz mit 4096 Zeichen zugeordnet werden.

Über den Button *Neu* am unteren, rechten Rand des Displays können Sie eine neue Adresse eingeben. Sie gelangen nach dem Anklicken sofort auf die erste Seite der Eingabemaske. Es werden die wichtigsten Daten (*Nachname*, *Vorname*, *Titel*, *Firma*, *Büro*, *Privat*, *Fax*, *Andere*, *E-Mail*, *Adresse*, *Plz*) der Adresse abgefordert. Bei den Feldern, wo ein kleiner Pfeil erscheint, können Sie die Feldbeschreibung aus einer Anzahl von Vorgaben auswählen.

> ▶ **Kategorie eingeben**
>
> Am rechten, oberen Rand finden Sie die Möglichkeit, jede Adresse einer Kategorie (Firma, Privat, Quicklist, Nicht ablegt, Kategorie bearbeiten) zuzuorden. Vergeben Sie die gewünschte Kategorie sofort bei der Eingabe, ansonsten wird die neue Adresse der Kategorie **Nicht abgelegt** zugeordnet. Es können bis zu 15 Kategorien vergeben werden.

Wie wende ich die Standardprogramme an?

Betätigen Sie im Editiermodus die Bild-ab-Taste oder den Pfeil nach unten auf dem Display, gelangen Sie zum zweiten Teil der Eingabemaske. Hier finden Sie weitere Eingabefelder. Darunter sind auch vier Felder, die Sie frei definieren können.

Wenn Sie auf die Taste *Details* tippen, können Sie nachträglich noch die Kategorie eingeben, bei privaten Einträgen bestimmte Felder ausblenden oder komplette Adressen löschen. Zudem lässt sich auch hier eine beliebige Notiz zuordnen. Betätigen Sie die Taste *Fertig*, ist die Adresse gespeichert bzw. gelöscht.

Adressen individuell anpassen

Auch bei der Adressenverwaltung des PalmPilot gibt es eine Reihe von interessanten Einstellungen, die Sie über die Menüleiste aufrufen können. Es gibt folgende Menüpunkte:

Eintrag

1. *Kategorie übertragen*: Mit dieser Funktion übertragen Sie eine individuelle Kategorie via Infrarot auf ein anderes Gerät.

2. *Karte übertragen*: Wählen Sie eine bestimmte Adresse aus. Diese wird anschließend ebenfalls per Infrarot zu einem anderen PalmPilot übertragen.

Bearb. (Bearbeitung)

1. *Rückgängig*: Hierüber wird der letzte Arbeitsschritt zurückgenommen.

2. *Ausschneiden*: Gleichzeitiges Löschen und Kopieren eines Adressenteils.

3. *Kopieren*: Legt eine Kopie einer bestimmten Information in den Arbeitsspeicher ab.

Kapitel 6

4. *Einfügen*: Fügt eine kopierte Information aus dem Speicher in das Adressenfeld.

5. *Alles Auswählen*: Markiert einen kompletten Adressenteil.

Optionen

Schrift: Sie können zwischen drei Schrifttypen wählen.

Einstellungen: Sie können über diesen Menüpunkt die Sortierreihenfolge festlegen. Es gibt die Kombinationen *Nachname, Vorname* und *Firma, Nachname*.

Benutzerfelder: In jedem Adressenfeld existieren insgesamt vier Felder, die individuell definiert werden können. Dabei gilt die Einstellung für die gesamte Datenbank. Es sind für jedes Feld maximal 15 Zeichen möglich.

Die digitale Visitenkarte

Der PalmPilot läutet das Ende der Visitenkarte aus Papier ein. Nun kommt die digitale Visitenkarte. Sofern Sie einen Anwender treffen, können Sie über die Infrarot-Schnittstelle eine Visitenkarte austauschen. Idealerweise übermitteln Sie Ihre eigenen, persönlichen Daten an den betreffenden Gegenüber. Dazu müssen Sie zunächst Ihre Daten eingeben und anschließend diese Visitenkarte über den Menüpunkt *Karte wählen* definieren. Es folgt dazu noch eine Abfrage, die Sie bestätigen müssen.

Wie wende ich die Standardprogramme an?

Das Festlegen als Visitenkarte wird nun am oberen Rand mit einem Symbol gekennzeichnet. Jeder PalmPilot kann maximal eine Karte bestimmen. Um die Visitenkarte zu übermitteln, wählen Sie entweder den entsprechenden Menüpunkt oder halten Sie die Adresstaste für mehrere Sekunden. Wenn der andere Anwender dies ebenfalls tut, werden die Daten blitzschnell ausgetauscht. Bei der neuen Datei werden Sie gefragt, ob Sie diese ablegen möchten.

Eine Aufgabenliste verwalten

Eine der sinnvollsten Anwendungen auf dem PalmPilot ist zweifelsohne die Verwaltung einer Aufgabenliste. Hier können Sie nach Prioritäten und Kategorien die anstehenden Tätigkeiten und Aufgaben verwalten. Die erledigten Aufgaben werden einfach mit einem Häkchen versehen und verschwinden im Speicher. Bei Bedarf können Sie auch nach Wochen und Monaten schauen, wann Sie die betreffende Aufgabe erledigt haben.

Natürlich können Sie jeder Aufgabe ein Fälligkeitsdatum zuweisen oder sie als privat kennzeichnen. Auch ist das Zuweisen einer Notiz zu jeder Aufgabe vorgesehen. Fälligkeiten, Kategorien und Prioritäten können bei Bedarf ausgeblendet werden.

Für die Verwaltung Ihrer Aufgaben bietet der Palm Organizer zwei unterschiedliche Ansätze:

1 Der übliche Weg ist das Einblenden aller Aufgaben. Wird bei einer Aufgabe das Fälligkeitsdatum überschritten, erscheint hinter dem Datum ein Ausrufezeichen. Die Funktionalität steht Ihnen zur Verfügung, wenn Sie den Parameter *Fälligkeit einblenden* unter *Einblenden* aktivieren. Sie haben hierbei möglicherweise sehr viele Aufgaben auf dem Display, dafür wissen Sie immer, welche Tätigkeiten noch ausstehen.

Kapitel 6

> **2** Der eher untypische Weg ist das Einblenden der Aufgaben, erst wenn das Fälligkeitsdatum erreicht ist. Diese Funktionen erreichen Sie über die Option *Nur fällige einblenden*. Dieser Weg ist dann sinnvoll, wenn Sie beispielsweise nur reine Termine verwalten, mit denen keine konkreten Arbeiten verbunden sind. Wenn Sie allerdings mit bestimmten Arbeiten erst beginnen, sobald der Fälligkeitstermin erreicht ist, dann ist dass der beste Weg ins Missmanagement.

Kategorie-Vergabe

Weisen Sie jeder einzelnen Aufgabe eine Kategorie zu. Insgesamt stehen 15 mögliche Einträge zur Auswahl. So bekommen Sie einen Überblick über die ausstehenden Aufgaben. Bei der Kategorie-Vergabe sind standardmäßig die Einträge *Alle*, *Privat*, *Nicht abgelegt* und *Kat. bearbeiten* vorhanden. Wählen Sie die Option *Alle*, so werden alle vorhandenen Aufgaben nach Priorität ausgegeben. Bei der Wahl einer anderen Kategorie werden die betreffenden Aufgaben herausgefiltert und auf das Display gebracht.

> ▶ **Verknüpfung zu einzelnen Ansprechpartnern**
>
> Auch innerhalb der Aufgabenliste können Sie eine direkte Verbindung zu Ihren Adressen und Ansprechpartnern herstellen. Über den Menüpunkt **Optionen/Telefonbuch** können Sie einen Ansprechpartner direkt einfügen, beispielsweise wenn ein Anruf oder Besuch ansteht.

Erstellen Sie eine neue Aufgabe und vergeben Sie keine Kategorie, so wird diese dem Eintrag *Nicht abgelegt* zugeordnet. Schließlich lassen sich unter dem Eintrag *Kat. Bearbeiten* (Kategorie bearbeiten) neue Kategorien anlegen oder bestehende überarbeiten. Für die Bezeichnung stehen Ihnen 15 Zeichen zur Verfügung.

Priorität-Vergabe

Ihnen stehen insgesamt fünf Prioritäten zur Auswahl (1 bis 5). Dabei steht die 1 für die höchste und die 5 für die niedrigste Priorität. Über die Priorität bestimmen Sie die Reihenfolge, geordnet nach Wichtigkeit der gelisteten Aufgaben. Vergeben Sie kein Fälligkeitsdatum bei gleicher Priorität, wird die Reihenfolge alphabetisch angeordnet. Allerdings

Wie wende ich die Standardprogramme an?

können Sie über den Schalter *Einblenden* bestimmen, nach welchen Kriterien die Aufgabenliste sortiert werden soll. Folgende Optionen stehen zur Verfügung:

1. Priorität, Fälligkeitsdatum

2. Fälligkeitsdatum, Priorität

3. Kategorie, Priorität

4. Kategorie, Fälligkeitsdatum

> ▶ **Abgleich der Prioritäten**
>
> Sofern Sie Ihre Aufgaben mit einem anderen Programm auf Ihrem PC abgleichen, achten Sie darauf, dass Sie die gleiche Anzahl von Prioritätsstufen verwenden. Ansonsten gehen bei der Synchronisation entsprechende Informationen verloren.

Legen Sie eine neue Aufgabe an, wird immer die Priorität vorgegeben, die Sie zuletzt genutzt haben. Allerdings ist es nicht sichtbar, welche dies war. Also auch wenn Sie bereits vor einigen Tagen die letzte Aufgabe erstellt haben, wird die dort verwendete Priorität genutzt.

> ▶ **Prioritäten**
>
> Durch die Einordnung der Aufgaben nach Wichtigkeit und somit einer Vergabe von Prioritäten werden Arbeiten geplant erledigt, termingerecht ausgeführt, nach Dringlichkeit geprüft und wenn nötig delegiert. Setzen Sie die Prioritätsvergabe für Ihre Zwecke gezielt ein.

Unterschiedliche Fälligkeiten

Für die Vergabe von unterschiedlichen Fälligkeiten bietet Ihr PalmPilot einige Parameter. Zunächst markieren Sie den jeweiligen Eintrag und klicken anschließend auf den Schalter *Details*. Neben der Eingabe von Kategorien und Prioritäten können Sie an dieser Stelle auch die gewünschte Fälligkeit einstellen. Es stehen folgende Optionen zur Verfügung:

1. Heute

2 Morgen

3 Eine Woche später

4 Kein Datum

5 Datum wählen (hier entscheiden Sie sich für ein konkretes Datum)

> ▶ **Checkliste oder Einkaufsliste**
> Durch die Möglichkeit, jede Aufgabe abzuhaken, können Sie die Anwendung Aufgaben als Einkaufsliste oder Checkliste einsetzen.

Der Merkzettel

Wer Ideen, Konzept, Vorlagen und sonstige Einträge erstellt, die in den anderen Anwendungen keinen Platz finden, greift zu dem Programm *Merkzettel*. Dabei ist die Größe pro Eintrag auf 4096 Zeichen beschränkt. Ähnlich wie bei den anderen Programmen des PalmPilot können Sie bis zu 15 unterschiedliche Kategorien vergeben. Die Sortierung erfolgt entweder alphabetisch oder manuell. Die passende Einstellung nehmen Sie unter dem Menüpunkt *Optionen/Einstellungen* vor. Bei einer manuellen Sortierung ziehen Sie die einzelnen Einträge mit Hilfe des Stylus an die gewünschte Position.

> ▶ **Programme von Drittanbietern**
> Viele Programme von Drittanbietern bedienen sich des Formats der Merkzettel, wenn Sie kein eigenes Format erstellen wollen oder können.

Im Merkzettel und in der Aufgabenliste müssen Sie zum Erstellen eines neuen Eintrags nicht unbedingt über den Schalter *Neu* gehen. Beginnen Sie einfach zu schreiben. Im Kalender wird so ein neuer Eintrag ohne Zeitangabe erstellt. Entsprechend wird bei den Merkzetteln ein neuer Eintrag aufgemacht.

Wie wende ich die Standardprogramme an?

> ▶ **Größenbeschränkung**
>
> Ein leidiges Thema ist die Größenbeschränkung bei einzelnen Merkzetteln. Ab der Version 2.0 des PalmPilot Desktop werden beim Überführen eines Textes in einen Merkzettel und der Überschreitung des Limits entsprechend mehrere Einträge erstellt. Dies funktioniert auch beim Kopieren von Inhalten in einen neuen Merkzettel. Aufgrund dieser Beschränkung hat sich als Quasi-Standard das DOC-Format durchgesetzt. Hiermit lassen sich selbst komplette Bücher auf den PalmPilot übertragen. Das Format ist allerdings nicht kompatibel zum Microsoft Word-Format.

Der Taschenrechner

Der standardmäßige Taschenrechner beim PalmPilot ist bekanntlich das schwächste Glied in der Kette. Er bietet nur die Grundrechenarten und ist für das geschäftliche Umfeld kaum geeignet. Dafür ist er so gestaltet, dass Sie ihn auch mit den Fingern bedienen und auf den Stylus verzichten können. Die Genauigkeit ist dabei auf acht Stellen beschränkt.

Sie können über den Menüpunkt *Kopieren* das erzielte Ergebnis in eine andere Anwendung übertragen. Umgekehrt können Sie Werte auch durch *Kopieren/Einfügen* in den Taschenrechner übernehmen.

Eine eher verborgene Funktionalität steckt hinter dem Menüpunkt *Optionen/Letzte Berechnungen*. Hier werden alle Berechnungen aufgelistet, die seit dem letzten Start der Anwendung durchgeführt wurden. So lassen sich problemlos Zwischenergebnisse kopieren oder Rechenschritte nachträglich überprüfen.

Kapitel 6

> **Neuer Taschenrechner**
>
> Wer nun überhaupt nicht mit der Funktionalität des Taschenrechners auskommt, der findet sicherlich eine wesentlich leistungsstärkere Anwendung im Netz. Zudem können Sie ab PalmOS Version 2.x das neue Programm auf einen beliebigen Hardware-Knopf legen.

Wie kommuniziere ich mit dem PalmPilot?

Kapitel 7

Einer der interessanten Anwendungen mit dem PalmPilot ist die Fähigkeit zu kommunizieren. Dabei ist es nicht zwingend notwendig, dass dies über einen Personalcomputer geschieht. Die Anschlussmöglichkeit an die Docking Station stellt eine vollwertige serielle Schnittstelle dar, die das Anbinden an ein Modem oder einen GSM-Adapter problemlos erlaubt. Mit der richtigen Software ausgestattet, kommen Sie so in den Genuss von elektronischen Nachrichten, des Internet oder von SMS-Nachrichten. Zusätzlich können Sie über die integrierte Infrarotschnittstelle (ab dem PalmPilot III) auch mit anderen Palm-Pilot-Anwendern aus nächster Nähe kommunizieren. Natürlich können Sie auch mit einem Notebook oder einem Handy Daten austauschen, sofern diese ebenfalls über eine Infrarot-Schnittstelle verfügen.

Noch einen Schritt weiter geht der PalmPilot VII, dieser hat die entsprechende Kommunikationslösung gleich integriert. Leider ist dieses Gerät in Deutschland nicht verfügbar und zudem unterstützt es auch keine europäischen Standards. Daher ist das Gerät in dieser Form für den deutschen Anwender eher uninteressant.

Kapitel 7

Online mit dem PalmPilot

Seit der Version 2 des Betriebssystems ist der Anwender mit seinem PalmPilot in der Lage, sich über ein Modem direkt ins Internet oder in ein Netzwerk zu wählen. Der dafür notwendige TCP/IP-Stack, der für die Anbindung ins Internet notwendig ist, wird mit dem PalmPilot mitgeliefert. Entsprechend bietet so das jeweilige Gerät die notwendige Basis für eine Kommunikation. Die eigentliche Software müssen Sie über einen Drittanbieter selbst beschaffen.

Wer den Weg ins Netz sucht, dem stehen unterschiedliche Möglichkeiten zur Verfügung. Die günstigste Methode ist die Verbindung zwischen dem PalmPilot und einem handelsüblichen Modem, das Sie vielleicht bereits besitzen. Über ein spezielles Kabel wird zwischen den Schnittstellen die Verbindung hergestellt. Dieses Kabel können Sie entweder über den Fachhandel bereits fertig erwerben oder Sie legen selbst Hand an. Mit etwas Geschick und einem Lötkolben können Sie relativ einfach einen eigenen Adapter bauen.

Sie benötigen dazu einen speziellen Anschluss, über den normalerweise die Docking Station angeschlosssen wird. Auf der anderen Seite des Kabels brauchen Sie einen 9-Pol- oder 25-Pol-Stecker zum Anschluss an das betreffende Modem. Die nachfolgende Tabelle stellt eine kleine Hilfestellung für den Bastler unter den PalmPilot-Anwendern dar:

Bezeichnung	Docking Station	9-Pol-Anschluss	25-Pol-Anschluss
RxD	2	3	2
TxD	3	2	3
GND	5	5	7
RTS	7	8	5
CTS	8	7	4

Tabelle 7.1: Die notwendige Belegung für das Anschlusskabel. RxD = Daten empfangen, TxD = Daten senden, GND = Referenzleitung, RTS = Sendewunsch mitteilen, CTS = Sende-Erlaubnis erteilt.

Wie kommuniziere ich mit dem PalmPilot?

Wer kein eigenes Modem besitzt, sollte den Erwerb eines sogenannten Snap-On-Modems in Erwägung ziehen. Dieses Gerät ist von den Abmessungen her ähnlich wie der PalmPilot selbst aufgelegt und wie bereits der Name sagt, wird dieses spezielle Modem direkt an den PDA angesteckt. So gehen Sie mittels Kabel direkt an das Telefonnetz.

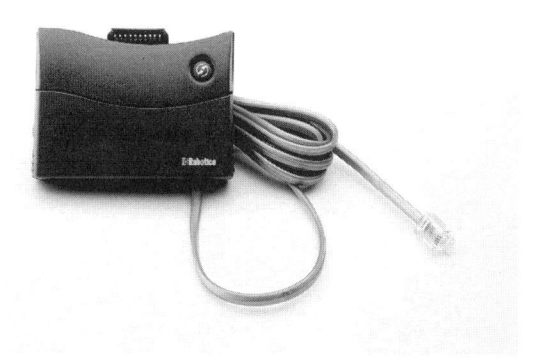

Eine andere Ausprägung des Snap-On-Modems ermöglicht den direkten Anschluss an ein handelsübliches GSM-Modem. Beachten Sie dabei, dass für bestimmte Handy-Typen (Hersteller) auch spezielle Snap-On-Modems benötigt werden.

Ein Modem einrichten

Sie verfügen nun über die notwendige Hardware-Ausstattung, um ans Netz zu gehen. Nun müssen Sie noch Ihren PalmPilot für den Online-Betrieb konfigurieren. Dies geschieht mit der Option *Modem* im Programm *Einstellen*.

Im Feld *Modem* geben Sie das betreffende Gerät ein. Dabei finden Sie beim Anklicken des Pfeils eine Liste der verfügbaren Modems. Ist Ihr Modem darin nicht enthalten, entscheiden Sie sich für die Einstellung *Standard*. Beim Palm V ist das Modem *Palm V Modem* stardardmäßig vorgegeben.

Im Feld *Geschwindigkeit* geben Sie die maximale Übertragungsgeschwindigkeit des jeweiligen Modems ein. Den genauen Wert finden Sie in der Dokumentation des Geräts. Gibt es bei der Übertragung Probleme, so können Sie durch eine Reduzierung der Übertragungsgeschwindigkeit die Fehlerhäufigkeit deutlich absenken.

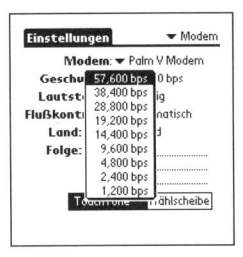

Durch den Wert im Feld *Lautstärke* können Sie den Output des eingebauten Lautsprechers verändern. Die *Flusskontrolle* sollten Sie im ersten Schritt auf *automatisch* belassen. Treten Fehler während der Kommunikation auf, sollten Sie an dieser Stelle eine veränderte Einstellung vornehmen. Im Feld *Land* tragen Sie Ihren momentanen Aufenthaltsort ein.

Im Feld *Folge* geben Sie den Initialisierungsstring des jeweiligen Modems ein. Dieser String entspricht den Hayes-Standards. Leider benötigt fast jedes Modem seinen eigenen String. Die genaue Zeichenfolge finden Sie im Handbuch des jeweiligen Geräts. Hier eine Übersicht der Befehlsgruppen von Hayes:

6. AT: Verbindungsauf- und -abbau

7. AT&: Konfiguration/Steuerleitungen/Testfunktion

8. AT\: Fehlerkorrektur/Kompression/Flusskontrolle

9. AT%: Leitungsanpassung/Kompression

10. AT+: Zusatzfunktionen für Übertragungsgeschwindigkeit

11. AT-: Zusatzfunktionen für Übertragungsnormen

12. AT*: Zugriffssteuerung/Fernkonfiguration

13. AT#: Zusatzfunktionen für Verbindungsaufbau

14. AT^: Funktionen für Funktelefone

15. AT),@,:,$: Weitere Funktionen

Wie kommuniziere ich mit dem PalmPilot?

> **▶ Hayes-Standard**
>
> Der Hayes-Standard beschreibt den Modem-Befehlssatz der Firma Hayes. Der Befehlssatz wurde entwickelt, um dem Benutzer die Konfiguration und Bedienung des Modems vom Terminal aus zu gestatten. Es handelt sich hierbei um einen Industriestandard, den die Firma Hayes ursprünglich für ihre eigenen Produkte entwickelte, der inzwischen aber von fast allen Modem-Herstellern benutzt und ständig erweitert wird.

Abschließend müssen Sie sich noch für ein Wählverfahren entscheiden. In den meisten Fällen ist das Tonwahlverfahren zu bevorzugen, das Sie unter *TouchTone* aktivieren. Das Impulsverfahren wird heute nur noch in Ausnahmefällen verwendet. Sie aktivieren dieses Verfahren durch die Option *Wählscheibe*. Für die Modemeinstellung haben Sie nun alle relevanten Informationen eingegeben. Ob die gewählte Konfiguration auch tatsächlich funktioniert, können Sie in den meisten Fällen nur im Echtbetrieb feststellen.

Internet-Zugang via T-Online

Natürlich können Sie auch einen der größten deutschen Provider, T-Online, via PalmPilot erreichen. Mit den entsprechenden Einstellungen und der passenden Hardware stellt eine Verbindung kein Problem dar. Begeben Sie sich zunächst im Verzeichnis *System* zur Applikation *Einstellen*. Hier wählen Sie im Menü *Dienst* die Option *Neu*, um einen neuen Dienst zu erstellen. Als Namen verwenden Sie beispielsweise T-Online, was im Feld *Dienst* nicht zwingend erforderlich ist.

Im Feld *Benutzer* geben Sie Ihre zwölfstellige T-Online-Kennung gefolgt von Ihrer Benutzerkennung ein. Die Benutzerkennung ist meist die Telefonnummer, über die die T-Online-Abrechnung erfolgt, gefolgt von einer vierstelligen Mitbenutzernummer. Das Trennungszeichen zwischen Telefonnummer und Mitbenutzernummer ist ein Doppelkreuz (#) und nicht, wie bei T-Online sonst üblich, ein Bindestrich.

Das Kennwort geben Sie so ein, wie Sie es von T-Online gewohnt sind. Verwenden Sie diese Option nur dann, wenn Sie sicher sind, dass kein Unbefugter Zugriff auf Ihren PalmPilot hat. Das Kennwort wird zwar verschlüsselt gespeichert, die gespeicherten Angaben lassen sich aber trotzdem leicht verwenden, um auf Ihre Kosten im Internet zu surfen. Wenn Sie unsicher sind, ob jemand direkt oder über das Netz an Ihre Kennwortdaten gelangen könnte, ändern Sie es sofort im T-Online-System und speichern es künftig nicht mehr ab. Geben Sie kein Kennwort ein, müssen Sie bei jedem Einloggen eine zusätzliche Eingabe vornehmen.

> ### ▶ T-Online via Handy
> Bei Handy-Nutzung sollten Sie die Datenübertragungsrate im PalmPilot unter Modem auf 9600 baud (bps) einstellen. Mit höheren Übertragungsraten gibt es ansonsten immer Probleme.

Im Feld *Telefon* geben Sie die Telefonnummer des T-Online-Zugangs ein. Dazu springen Sie in das Dialogfenster *Telefon-Setup*. Wählen Sie hier nicht die Nummer der älteren Server (01910), sondern tragen Sie die Nummer 0191011 ein.

> ### ▶ Rufnummern
> Wer sich per Handy in T-Online einwählen möchte, wählt für D1 die Rufnummer 1911, bei D2 nehmen Sie die Rufnummer 22123.

Unter *Details* müssen ebenfalls noch einige Eingaben vorgenommen werden. Als *Verbindungstyp* muss zwingend *PPP* (Point-to-Point-Protokoll) gewählt sein.

Wie kommuniziere ich mit dem PalmPilot?

> ### ▶ Point-to-Point-Protokoll
>
> Das Point-to-Point-Protokoll (PPP) ermöglicht es Ihnen, Ihren Rechner über eine serielle Verbindung mit dem Internet zu verkoppeln. Es ist also im Grunde nichts weiter, als eine spezielle Ergänzung des Internet-Protokolls. Da die seriellen Verbindungen meist über Modems kommunizieren, erreichen sie nur eine geringe Übertragungsrate. PPP enthält daher einen Mechanismus zum Herausfiltern der Datenpakete, die für die Gegenstelle bestimmt sind. Der Systemadministrator stellt den Paketfilter so ein, dass er nur die Pakete an die Gegenstelle überträgt, die sowohl von der IP-Adresse als auch vom Protokolltyp her vermuten lassen, dass sie für die Gegenstelle bestimmt sind.

Die Zeitabschaltung sollte ebenfalls deaktiviert sein, da es ansonsten während des Dialogs mit dem Online-Dienst zu einem Verbindungsabbruch kommt. In den Feldern *Query DNS*, *Primäres DNS* und *Sekundäres DNS* sind keine Eingaben notwendig.

Durch Aktivierung der Checkbox *IP-Adresse* auf *Automatisch* lässt man sich die IP-Adresse beim Login dynamisch zuweisen. Unter *Script* darf nur der Eintrag *Ende* existieren.

Haben Sie alle Eingaben vorgenommen und auf die Taste *OK* geklickt, werden alle relevanten Daten abgespeichert und Sie haben Ihren PalmPilot für die Anbindung an T-Online eingerichtet. Nun folgen noch die Parameter im eigentlichen Mailprogramm.

Ein Mailprogramm für T-Online

Anhand des Freeware-Programms *TG Postman* werden Ihnen die notwendigen Schritte aufgezeigt. Dabei sind die grundsätzlichen Einstellungen und Parameter bei jedem beliebigen Mailprogramm identisch.

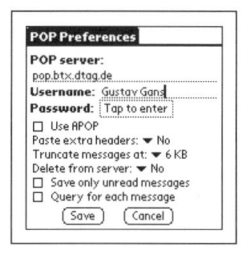

Kapitel 7

Da es sich bei T-Online um ein POP3-System handelt, müssen Sie den entsprechenden Server benennen. Der POP3-Server von T-Online heißt pop.btx.dtag.de.

Auch hier gilt, speichern Sie Ihre persönlichen Zugangsdaten nicht auf dem PalmPilot ab. Wenn es Ihr Mail-Client erlaubt, lassen Sie die betreffenden Felder frei. Der T-Online-Mailserver interessiert sich nicht für diese Daten, da bei der Einwahl diese Daten nicht zur Identifizierung dienen. Zumindest dürfen Sie in keinem Mail-Client Ihre T-Online-Kennung und Ihr Passwort direkt eingeben, da diese unverschlüsselt über das Internet versandt werden.

▶ SMTP

Simple Mail Transfer Protocol. Ein Standard zum Datenaustausch, der von Mailservern verwendet wird. Er wird für die Versendung der Ausgangspost vom Client zum Server und für den Transport zwischen Mail-Servern verwendet.

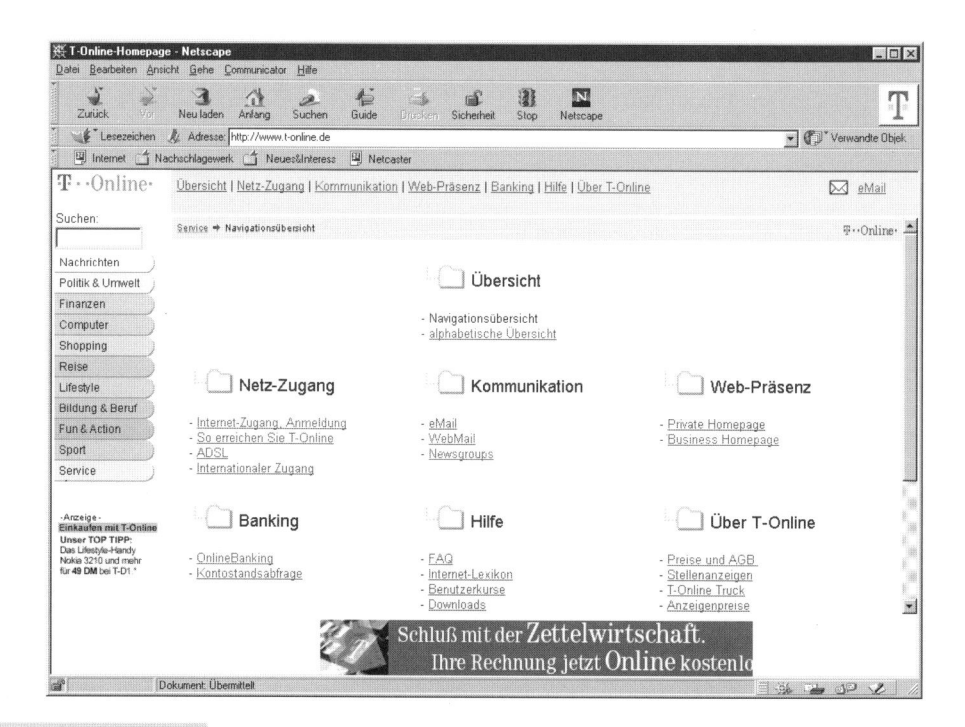

Wie kommuniziere ich mit dem PalmPilot?

Im zweiten Schritt richten Sie SMTP-Referenzen ein. Der Name des SMTP-Servers von T-Online lautet mailto.btx.dtag.de. Bei der E-Mail-Adresse geben Sie Ihre E-Mail-Adresse ein. Die Angaben, die Sie unter *your name* machen, erscheinen als Absender in den mit dem PalmPilot versandten E-Mails. Beim Absender sollten Sie auf Umlaute verzichten.

Eine Alias-Adresse unter T-Online erstellen

Die T-Online-Mailadresse setzt sich folgendermaßen zusammen:

Teilnehmernummer-Mitbenutzernummer@t-online.de

Beispiel:

01234567-0001@t-online.de

Wer also bei seiner Adresse auf eine Reihe von Zahlen verzichten will, greift idealerweise auf eine zweite, einprägsame Adresse (Alias) zurück. Diese kann beispielsweise Ihren Namen, eine Fantasiebezeichnung oder den Namen eines Unternehmens tragen. Ihrem Einfallsreichtum sind dabei vor dem @-Zeichen keine Grenzen gesetzt. Der Zusatz @t-online.de bleibt aber weiterhin bestehen. Allerdings gibt es doch einige Einschränkungen, die Sie bei der Namensvergabe beachten müssen:

16 ▸ Die Adresse muss mindestens 5, maximal 30 Zeichen aufweisen.

17 ▸ Das erste Zeichen muss zwingend ein Buchstabe sein.

18 ▸ Die Adresse darf nur folgende Zeichen beinhalten: a-z, A-Z, 0-9, ., _ und –.

19 ▸ Umlaute müssen ausgeschrieben werden (ä, ö, ü, ß werden zu ae, oe, ue, ss)

20 ▸ Die Adresse darf noch nicht vergeben sein.

Ihre zweite Adresse könnte so aussehen:

Max.Muster@t-online.de

Natürlich funktioniert Ihre alte Adresse mit Ihrer T-Online-Anschlusskennung weiterhin. Auch für jeden weiteren Mitbenutzer können Sie jeweils einen Alias einrichten. Allerdings müssen Sie sich bei der Anmeldung im System zwingend mit der Mitbenutzerkennung einwählen. Wenn Sie sich in speziellen Suchsystemen eintragen lassen, dann geben Sie immer beide Adressen an.

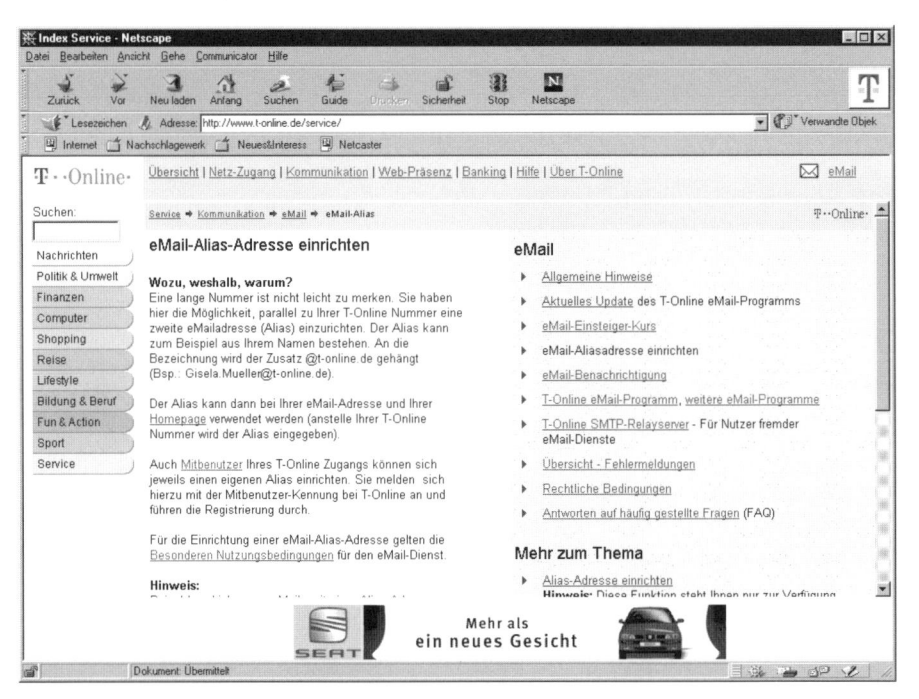

Sie können diese Eintrag unter T-Online auf der Seite *1901468001# vornehmen, oder im Internet (*http://www.t-online.de/service*) die gewünschten Angaben eintragen. Dazu werden Ihre momentan aktuellen Angaben eingeblendet. In einem Dialogfenster geben Sie Ihre Wunschadresse ein.

> ### ▶ Browser unter T-Online
>
> Wer auch seinen Browser entsprechend auf T-Online abstimmen möchte, findet unter *http://www.t-online.de* die gewünschte Homepage, die beim Start des Browsers aufgerufen werden soll. Die Verwendung eines Proxy ist bei T-Online nicht unbedingt erforderlich. Wer möchte, kann hier den T-Online-Proxy www-proxy.btx.dtag.de wählen. Der dazugehörige Port lautet 80.

CompuServe

Natürlich bietet auch der Online-Dienst CompuServe die Chance, sich am weltweiten Austausch von elektronischen Nachrichten zu beteiligen. Auch hier ist der Austausch von E-Mails der mit Abstand am meisten genutzte Dienst. Die Nachrichten gelangen zunächst auf den Mailserver in den USA. Von dort aus werden die Nachrichten weltweit verteilt.

POP3-Account

Seit einiger Zeit bietet *CompuServe* seinen Nutzern die Möglichkeit, zusätzlich ein POP3-Postfach einzurichten. *POP3* steht für das *Post Office Protocol* in der Version 3 und stellt einen im Internet weit verbreiteten Standard dar, um elektronische Mails empfangen zu können. Dieser Standard gestattet die Verwendung einer großen Zahl verschiedener Mailprogramme. Beachten Sie hierzu auch das Kapitel *Technische Voraussetzungen*. Durch die Unterstützung dieses plattformübergreifenden Standards sind Versand und Abruf von E-Mails mit jedem gängigen Internet-Mail-Programm möglich. Informationen zu Funktionen und Installation von *POP3* gibt es unter *GO POPMAIL*.

Zusätzlich zum bisherigen CompuServe-Mail-System können Mitglieder damit ein POP3-Postfach einrichten. Dadurch haben Sie die Möglichkeit, ergänzend zu Ihrer numerischen *CompuServe ID* einen persönlichen Aliasnamen für Ihre E-Mail-Adresse einzurichten. Jedem CompuServe-Mitglied stehen mit *POP3* jetzt zwei Postfächer parallel zur Verfügung: die bekannte Adresse

name@compuserve.com

sowie für POP3

Name@CSI.COM

Der *Name* entspricht Ihrer persönlichen Mailadresse, die Sie unter *GO REGISTER* eingetragen haben. Darüber hinaus können sämtliche E-Mails an das CompuServe-Mail-Postfach in das neue POP3-Postfach umgeleitet werden.

> ▶ **CompuServe-Mitgliedschaft**
>
> *Hinweis*: In den ersten Tagen einer CompuServe-Mitgliedschaft ist es nicht möglich, dass ein POP3-Postfach beantragt wird. CompuServe lässt diesbezüglich verlauten, dies geschehe aus administrativen Gründen. Nach dieser Frist soll es aber problemlos möglich sein, das neue Postfach einzurichten.

Da es sich bei Ihrem POP3-Postfach und dem E-Mail-System für Ihre User-ID um zwei unterschiedliche und voneinander unabhängige Systeme handelt, können Sie auch weiterhin unter Ihrer User-ID E-Mails empfangen.

Damit beim Abruf der Mail über das offene Internet nicht *User-ID* und *Passwort* abgefangen werden können, setzt CompuServe hier spezielle Sicherheitselemente ein. Wird ein Programm verwendet, das *RPA (Remote Passphrase Authentication)* unterstützt, erfolgt die Zugangsprüfung über den *Virtuellen Schlüssel* von CompuServe. Bei Einsatz anderer Mail-Programme verwendet der Nutzer das zusätzliche POP-Mail-Passwort, mit dem der Zugriff auf das Postfach freigegeben wird.

Dabei darf eine elektronische Nachricht die Größe von 10 Mbyte nicht überschreiten. Während eines Zugriffs auf Ihr POP3-Postfach dürfen nicht mehr als 11 Mbyte übertragen werden. Sie dürfen maximal nur 100 E-Mails pro Sitzung empfangen. Dabei darf die Gesamt-Mailbox-Größe nicht 30 Mbyte überschreiten. Die maximale Aufbewahrungszeit einer E-Mail beläuft sich auf 45 Tage.

Kapitel 7

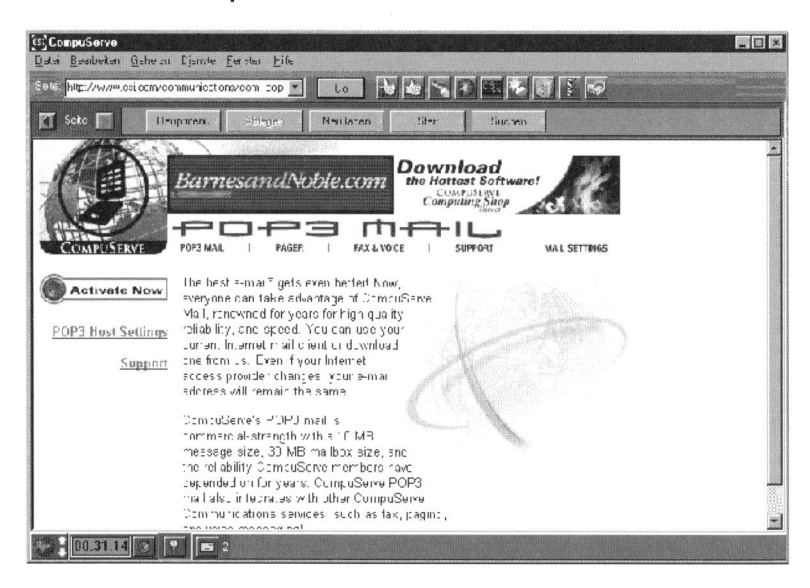

Ein Postfach einrichten

Um ein POP3-Postfach zur Verwendung mit dem *Virtuellen Schlüssel* zu erstellen oder zu verwalten, benötigen Sie entweder ein *Microsoft-Windows-95/98-*, *Microsoft-Windows-NT-4.0-*, *Microsoft-Windows-3.1x-* oder *Apple-MacOS-Betriebssystem*, auf dem die neueste Version des *CompuServe Virtuellen Schlüssels* installiert ist. Zusätzlich ist es notwendig, dass Sie neben Ihrer *CompuServe User ID* Ihre persönliche E-Mail-Adresse (online mit *GO REGISTER*) registriert haben. Dabei ist zu beachten, dass Sie nach dem Einrichten Ihres POP3-Postfachs Ihre persönliche E-Mail-Adresse online nicht mehr ändern können.

Rufen Sie zunächst zur Einrichtung des neuen Postfachs den Befehl GO POPMAIL auf. Danach klicken Sie auf den Befehl *Postfach Einrichten*. Sie gelangen dadurch auf eine Internet-Seite. Hier betätigen Sie den Schalter *Activate Now*. Es erscheint das Fenster Ihres zuvor installierten *Virtuellen Schlüssels*. Wählen Sie nun den bereits eingerichteten Account mit Ihrer persönlichen E-Mail-Adresse. Wenn Sie Ihr CompuServe-Passwort nicht abgespeichert haben, geben Sie dieses ein. Um das POP3-Postfach einzurichten, klicken Sie auf die Schalter *Click Here To Continue*. Nach der erfolgreichen Einrichtung Ihres POP3-Postfachs folgt die Meldung *The mailbox activation completed successfully*.

Nun gehen Sie wieder zwei Seiten zurück und aktivieren den Punkt *POP3 Mail Settings*. Sie notieren sich die unter dem Menüpunkt *Please configure your mail client with the following information* angezeigten Daten. Diese sind anschließend zum Einrichten des jeweiligen E-Mail-Programms notwendig. Jetzt steht Ihnen das POP3-Postfach zur Verfügung.

Auf der folgenden Seite können Sie unter *Step2. Create a Mail-Only Password* Ihr POP3-Postfach-Passwort festlegen. Wählen Sie ein Passwort mit mindestens 8 und höchstens 24 Zeichen Länge, das mindestens eine Ziffer und ein alphabetisches Zeichen enthalten muss. Bestätigen Sie Ihre Eingabe, indem Sie das Passwort nochmals in das Feld *Confirm Password* eintragen. Nun klicken Sie auf die Schaltfläche *Continue*, um Ihre Eingaben an CompuServe zu übermitteln.

Eine Mail von CompuServe auf POP3 umleiten

Natürlich können Sie nach der Einrichtung eines POP3-Postfachs Ihre E-Mails, die an Ihren CompuServe-Account gehen, direkt auf das neue Postfach umleiten. Allerdings muss diese Umleitung eingestellt werden.

Zunächst sorgen Sie dafür, dass Ihre CompuServe-Mailbox keine neuen E-Mails enthält. Durch die Umleitung gehen alle Nachrichten in dieser Mailbox verloren. Wählen Sie nun die Webseite:

http://www.csi.com/communications

an und entscheiden Sie sich für den Link *Mail Settings* und auf der folgenden Seite für den Link *Redirection*. Das System bietet Ihnen an dieser Stelle drei Optionen an:

1. *Do not redirect mail from my CompuServe mailbox to my POP3 mailbox.*

2. *Redirect mail to POP3 and add "<autofwrd>" to the beginning of the subject line of each message. For example, the subject "Hello There!" will become "<autofwrd> Hello There!"*

3. *Redirect mail to POP3, but do not modify the subject.*

Möchten Sie zukünftig Ihre Mails auf das neue Postfach umleiten, entscheiden Sie sich für den Punkt 2 oder 3. Der Unterschied zwischen beiden Alternativen besteht darin, dass die Option 2 jede Ihrer umgeleiteten Mails im Feld *Betreff* mit dem Zusatz *<autofwrd>* versehen wird. Sie können dadurch leicht unterscheiden, ob die Mail ursprünglich an Ihre User-ID geschickt wurde oder direkt an Ihre POP3-Mailbox.

Die Umleitung wird wirksam, wenn Sie im Anschluss mit Ihrer Maus auf den Schalter *Change* klicken. Möchten Sie eine Umleitung zurücknehmen, entscheiden Sie sich bei den drei Optionen für die erste Alternative.

> ▶ **POP3-Postfach**
>
> *Hinweis*: Nach einer Umleitung auf das POP3-Postfach können Sie mit der CompuServe-Software keine E-Mails mehr empfangen. Dies ist ausschließlich mit Ihrem ausgewählten Mailprogramm möglich. Auch der X.400-Übergang oder der Versand von Telex oder Fax stehen nicht mehr zur Verfügung.

Informationen von Yahoo! abrufen

Der Suchmaschinen-Anbieter Yahoo! bietet speziell für PalmPilot-Anwender mehrere Dienste an. So können Sie einen Terminkalender über das System verwalten und die Termine weltweit mit Yahoo! abgleichen. Allerdings ist dieser Dienst momentan ausschließlich im englischsprachigen Angebot von Yahoo! verfügbar. Aber langsam erhalten Sie auch bei dem deutschsprachigen Ableger entsprechende Dienstleistungen. Momentan müssen sich deutsche Anwender auf ein Adressbuch beschränken. Mit dem Yahoo!-Adressbuch können Sie alle Kontakte übersichtlich anlegen und verwalten sowie jederzeit und überall einsehen. Zudem lassen sich die Adressen beliebig über Microsoft Outlook, Netscape Adressbuch oder Ihren PalmPilot importieren und exportieren.

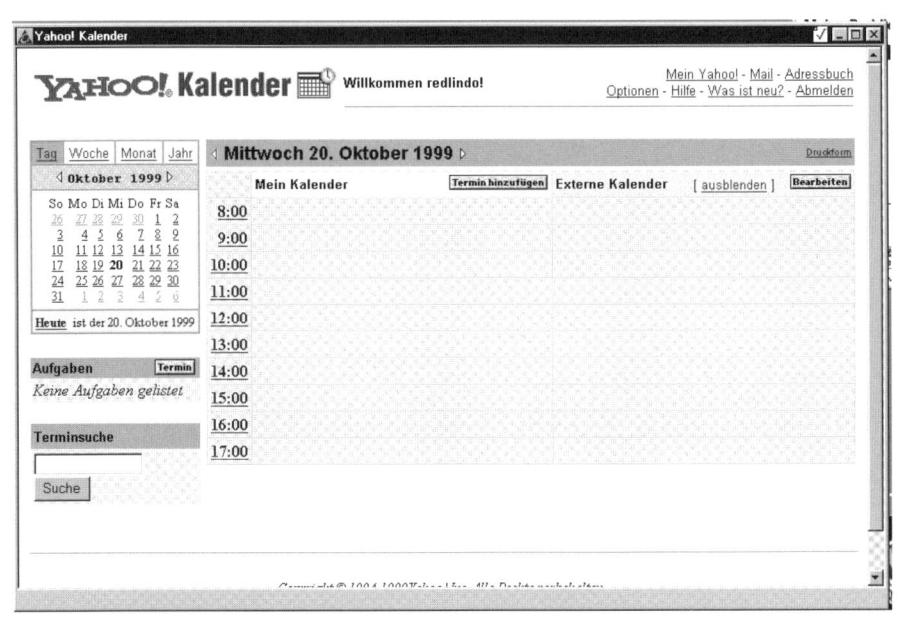

Um Kontaktinformationen vom Palm Desktop ins Yahoo!-Adressbuch zu übertragen, gehen Sie folgendermaßen vor:

1 Öffnen Sie den Palm Desktop (Version 2.0 oder höher).

2 Wechseln Sie zur Ansicht *Adresse*.

3 Wählen Sie den Menüpunkt *Datei/Export* aus.

4 Wählen Sie auf Ihrem Computer ein Verzeichnis und einen Namen aus, unter dem Sie die .ABA-(Adress Book Archive-)Datei abspeichern wollen.

5 Öffnen Sie Ihr Yahoo!-Adressbuch.

6 Klicken Sie auf den Punkt *Optionen*.

7 Klicken Sie auf den Hyperlink *Import/Export*.

Wie kommuniziere ich mit dem PalmPilot?

8 Wählen Sie im Abschnitt *Import* die Option *Palm Desktop (.ABA.-Datei)* aus.

9 Geben Sie den Dateipfad und -namen ein oder klicken Sie auf die Schaltfläche *Durchsuchen*, um die Datei im System zu suchen.

10 Klicken Sie auf die Schaltfläche *Jetzt importieren*.

Um Kontaktinformationen vom Yahoo!-Adressbuch in den Palm Desktop zu übertragen, gehen Sie folgendermaßen vor:

1 Öffnen Sie Ihr Yahoo!-Adressbuch.

2 Klicken Sie auf den Hyperlink Optionen im Yahoo!-Adressbuch.

3 Klicken Sie auf den Hyperlink *Import/Export*.

4 Klicken Sie im Abschnitt *Export* auf die Schaltfläche *Jetzt exportieren* neben dem Ausdruck *Palm Desktop*.

5 Geben Sie bei Aufforderung im Dialogfeld *Speichern unter* einen Speicherort und -namen für die .ABA-Datei ein.

6 Öffnen Sie Palm Desktop, Version 2.0 oder höher.

7 Wechseln Sie zur Ansicht *Adresse*.

8 Wählen Sie die Menüoption *Datei/Import* aus.

9 Suchen Sie die Datei und wählen Sie die Option *Öffnen* aus. Die von Ihnen ausgewählte Datei wird anschließend importiert.

Kapitel 7

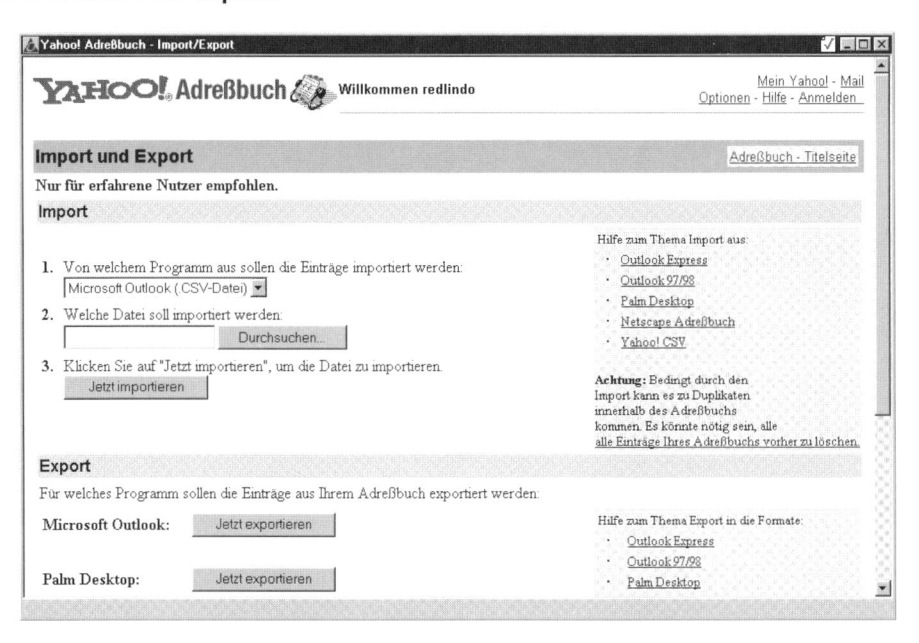

Datenaustausch mit dem Yahoo!-Kalender

Der Suchmaschinen-Anbieter Yahoo! bietet einen speziellen Terminkalender im Netz an, den Sie mit Ihren Daten füttern können. Diese lassen sich dann weltweit aufrufen. Dabei werden die persönlichen Daten mittels Passwort und Benutzername geschützt. Für Palm-Pilot-Anwender bietet Yahoo! einen speziellen Service zur Synchronisation der eigenen Daten. Allerdings ist dieser Dienst ausschließlich im englischsprachigen Angebot von Yahoo vertreten.

Das System bietet zwei interessante Möglichkeiten. Zum einen kann jeder registrierte Anwender seine eigenen Daten auf dem Yahoo!-System ablegen und als weltweites Bakkup-System nutzen. Zum anderen können andere Anwender von einer zentralen Stelle aus mit entsprechenden Informationen versorgt werden.

> ▶ **Anmeldung Yahoo!**
>
> Jeder Anwender kann sich im System kostenlos unter *http://calender.yahoo.com* anmelden. Sie müssen dazu ein Passwort und einen Benutzernamen vergeben. Anschließend erhalten Sie Ihren persönlichen Kalender und ein eigenes Adressbuch unter Yahoo!

Zur Synchronisation Ihrer Daten benötigen Sie ein spezielles HotSync-Programm, das Sie unter *http://calender.yahoo.com/sync.html* laden können. Im Vergleich zum HotSync, das im Lieferumfang des PalmPilot enthalten ist, bietet die Yahoo-Version zusätzlich die Möglichkeit eines Online-Abgleichs mit dem Yahoo-Kalender.

Wie tausche ich die Daten mit einem PC aus?

Kapitel 8

Die interessanteste Funktionalität des PalmPilot ist zweifelsohne der Datenabgleich mit einem PC und den darauf befindlichen Anwendungen. Diese Tatsache ist sicherlich auch ein Indiz für den enormen Erfolg des PalmPilot. Zumindest die Werbung verspricht dann auch einen Datenaustausch, der wie im Handumdrehen funktioniert. Grundsätzlich trifft dies auch zu, solange Sie einen Datenabgleich über den ausgelieferten Palm Desktop ausführen. Schwieriger wird es dann schon, wenn Sie versuchen, Ihre Daten mit einer anderen Anwendung abzugleichen. Auf den nächsten Seiten finden Sie einige interessante Anhaltspunkte, wie Sie den Austausch der Daten in eine andere Anwendung optimieren können.

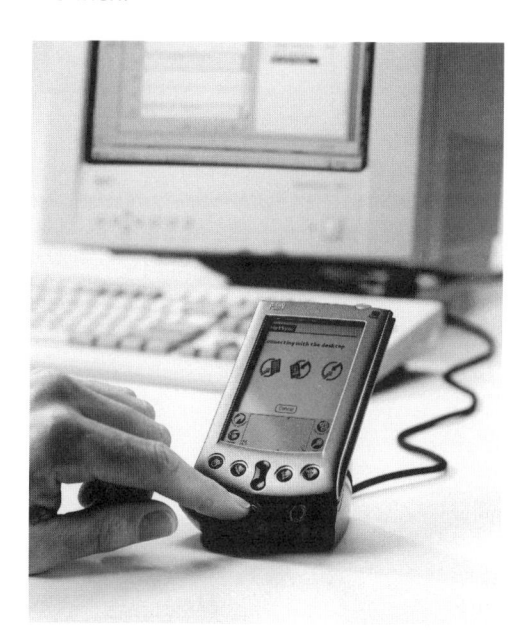

Der Palm Desktop

Der Palm Desktop ist die Standardschnittstelle zwischen dem PC und Ihrem PalmPilot. Dabei ist die Anwendung nicht zu unterschätzen. Sie können damit Ihre gesamten Daten pflegen. Sie führen darauf Ihre Adressen, Termine und Ereignisse. Für den mobilen Einsatz nehmen Sie einfach einen Abgleich mit Ihrem PalmPilot vor und Sie sind immer auf dem neuesten Stand.

Der Palm Desktop enthält vier zentrale Funktionen. Ähnlich wie beim PalmPilot finden Sie hier einen Kalender, eine Adressenverwaltung, eine Aufgabenliste und eine Verwaltung für Merkzettel. Dabei ist die Funktionalität identisch mit dem PalmPilot. Für die Anwendungen *Mail* und *Kosten* auf dem PalmPilot existiert kein direktes Gegenstück auf dem Desktop. Doch dafür kann das Programm *Kosten* direkt mit Microsoft Excel kommunizieren und *Mail* lässt sich mit unterschiedlichen Mail-Clients kombinieren.

Zu den einzelnen Anwendungen gelangen Sie durch Knopfdruck auf der rechten Seite des Desktops. Allerdings können Sie immer nur auf eine Anwendung zugreifen. Über den Menüpunkt *Datei/Alles Speichern* können Sie alle Daten der Anwendung gleichzeitig abspeichern. Das einzelne Sichern ist erstaunlicherweise nicht vorgesehen.

> ### Zusammenspiel mit MS Office
>
> Da der PalmPilot selbst keine Möglichkeit hat, die enthaltenen Informationen auf einem Drucker auszugeben, müssen Sie dies über den Desktop vornehmen. Sofern Sie Microsoft Office auf Ihrem Rechner installiert haben, können Sie die einzelnen Daten einfach per Drag&Drop auf die jeweiligen Ikons von Excel und Word ziehen. Dabei wird jeweils ein neues Dokument eröffnet. Dies funktioniert auch mit der Zwischenablage von Windows.

Was bieten die einzelnen Anwendungen?

Grundsätzlich wurde versucht, die Funktionalitäten des PalmPilot komplett auf dem Desktop abzubilden. Daher ist es an dieser Stelle überflüssig, die Anwendungen im Einzelnen zu erläutern. Dennoch gibt es einige Besonderheiten, die interessante Möglichkeiten eröffnen. So bietet der *Kalender* kaum eine Besonderheit. Hier wäre nur zu erwähnen, dass Sie einzelne Termine per Drag&Drop kopieren oder verschieben können.

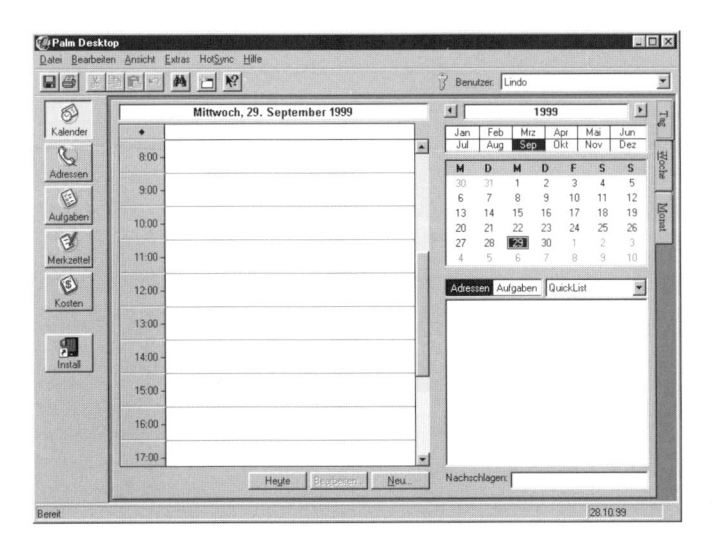

Wie tausche ich die Daten mit einem PC aus?

Anders sieht es schon bei der Adressenverwaltung aus. Zunächst ist die Darstellung der Adressen auf dem Desktop etwas anders gelöst. So erfolgt die Bearbeitung über drei Register (*Name, Adressen, Notiz*). Ansonsten sind die Felder identisch. Über den Menüpunkt *Extras/Benutzerdefinierte Feldbezeichnungen* können Sie die vier frei definierbaren Felder verändern.

Möchten Sie alle Adressen in eine andere Anwendung überführen, so müssen Sie dazu nur den gesamten Datenbestand über den Befehl *Bearbeiten/Alles auswählen* markieren, anschließend kopieren und dann in die gewünschte Applikation einfügen.

▶ MacPac 2

3Com stellt mit dem komfortablen MacPac 2 eine deutlich verbesserte, professionelle Anbindung seiner Palm PDAs an Apples Mac-Systeme vor. Das Paket enthält die komplett neugestaltete Palm Desktop Software 2.1, auf Basis des von 3Com gekauften Claris Organizers, verbunden mit einer schnellen, auf den Mac optimierten, Hot-Sync-Routine. Für 49,– DM ist das MacPac 2 erhältlich. Die Software wird ausschließlich in englischer Sprache geliefert, ist jedoch von Apple für das deutsche MacOS zertifiziert. Im Lieferumfang befindet sich zudem ein Adapter für die serielle Schnittstelle und ein umfangreiches, englischsprachiges Handbuch. Für bestehende Anwender des älteren MacPac 1 gibt es ein kostenloses Software-Upgrade zum Downloaden von der Webpage: *http://www.palm.com/custsupp/downloads/macpacv2.html*. Dieses kostenlose Angebot können auch alle Mac-User nutzen, die bereits über einen Adapter verfügen und auf ein gedrucktes Handbuch verzichten können.

Natürlich bietet der Palm Desktop auch eine Chance, bestehende Datenbestände zu übernehmen. Neben dem Desktop-internen Format .aba werden die Formate .txt und .csv unterstützt. Zudem wird noch eine csv-Version angeboten, die speziell für den Lotus Organizer ausgelegt ist.

Eine weitere Besonderheit ist das Unterstützen von Anwendungen, die dem TAPI-Standard entsprechen. So können Sie mit der passenden Hardware jeden Teilnehmer direkt aus dem PalmPilot anrufen. Dazu markieren Sie den betreffenden Datensatz und wählen den Menüpunkt *Bearbeiten/Wählen*.

▶ TAPI

Der TAPI-Treiber (Telephony Application Programming Interface) ermöglicht es, direkt aus beliebigen TAPI-kompatiblen Windows-Programmen heraus zu telefonieren oder Anrufe zu erhalten (Computerintegriertes Telefonieren). TAPI ist eine Standardschnittstelle von Microsoft und wird bereits heute von einer Vielzahl von Programmen unterstützt.

So funktioniert HotSync

Der wichtigste Bestandteil des Palm Desktop ist wohl der HotSync-Manager. Durch ihn wird sichergestellt, dass sich alle wichtigen Informationen sowohl auf Ihrem Organizer als auch auf Ihrem PC befinden. Er ist die Verbindung zwischen dem Palm und dem Palm Desktop oder einer anderen Anwendung. Der Desktop ist sowohl für Windows als auch für Macintosh verfügbar.

Ein Druck auf die HotSync-Taste der Docking-Station, und alle Daten, von Telefonnummern über Adressen und Termine bis hin zu E-Mails, werden synchronisiert. Zum Anschluss der Docking Station benötigen Sie an Ihrem Rechner einen freien COM-Port. Zukünftig soll es auch für andere Schnittstellen, z.B. USB, eine Möglichkeit des Datenabgleichs geben. Natürlich lässt sich der HotSync auch über die gleichnamige Anwendung auf dem PalmPilot starten.

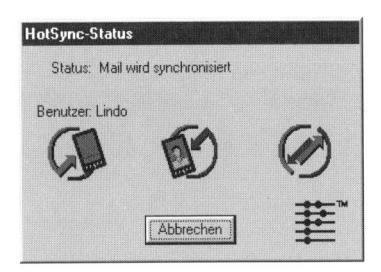

Doch vor dem ersten Datenabgleich steht die Installation. Gemeinsam mit dem Palm Desktop wird auch der HotSync-Manager auf Ihrem Rechner installiert. Selbst wenn Sie zukünftig eine andere Anwendung bevorzugen, so muss doch zunächst der Desktop installiert werden, damit auch der HotSync-Manager eingerichtet wird. Anschließend können Sie dann immer noch einer anderen Anwendung den Vorzug geben.

Der Hotsync-Manager ist für die Verknüpfung zwischen dem PalmDesktop und der Dokking Station verantwortlich. Nach der Installation finden Sie ein entsprechendes Ikon in der Taskleiste. Hierüber lassen sich die unterschiedlichen Parameter des Hotsync-Managers einstellen.

Durch einen Mausklick auf das Icon erscheint ein entsprechendes Dialogfenster. Unter dem Menüpunkt *Einrichten* lassen sich die wichtigen Parameter des Lokal- und des ModemSyncs einrichten. Im Register *Allgemein* stellen Sie die Parameter für die Verfügbarkeit des Hotsync-Managers ein. Folgende Einstellungen sind vorhanden:

1. Entscheiden Sie sich für die Option *Immer verfügbar*, dann wird die Anwendung im Autostart-Ordner von Windows abgelegt und ist somit permanent verfügbar.

2. Wählen Sie *Nur verfügbar, wenn der Palm Desktop ausgeführt wird*, dann wird der HotSync Manager mit der Desktop-Anwendung gestartet und entsprechend beim Beenden des Programms wieder geschlossen.

Wie tausche ich die Daten mit einem PC aus?

3 Klicken Sie die Option *Manuell* an, müssen Sie den HotSync Manager von Hand starten.

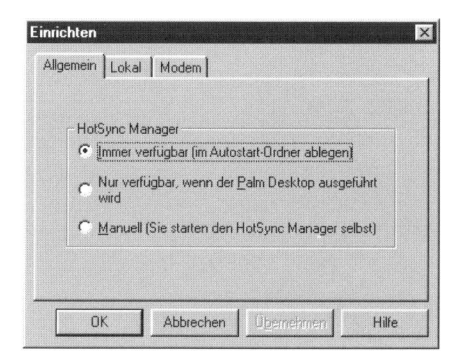

Das Hotsync-Verhalten steuern

Die zweite wesentliche Einstellung für den Hotsync-Manager finden Sie ebenfalls in dem Menüfenster, das sich bei einem Mausklick auf das Symbol in der Taskleiste öffnet. Unter dem Menüpunkt *Benutzerdefiniert* lässt sich das Synchronisieren der Daten gezielt beeinflussen.

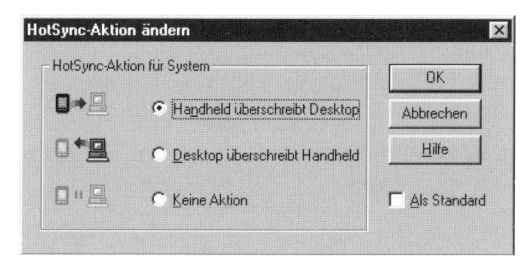

Dabei muss der Anwender zwischen drei unterschiedlichen Formen von Einstellungen wählen:

1 Zunächst kann für die Programme *Mail, Kalender, Adressbuch, Aufgaben, Merkzettel* und *Kosten* entschieden werden, ob die dazugehörigen Daten bei einem Datenabgleich synchronisiert werden sollen oder die Daten des Palm von dem PC überschrieben werden. Natürlich ist auch die umgekehrte Einstellung (Palm > PC) möglich.

2 Hinter dem Parameter *Installation* verbirgt sich die Möglichkeit, neue Anwendungen auf Ihrem PalmPilot zu installieren.

3 Die Einstellung *System* legt fest, wie die Daten für Anwendungen synchronisiert werden, die nicht in der ersten Einstellung berücksichtigt werden.

Kapitel 8

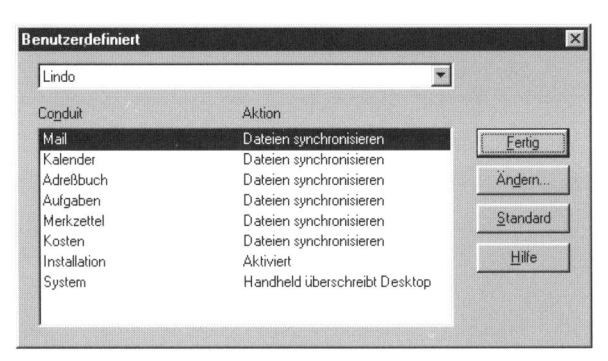

Die genannten Einstellungen sind im ersten Schritt ausreichend, um die Daten zwischen PC und PalmPilot korrekt auszutauschen.

Die Synchronisierung der Daten läuft in mehreren Phasen ab. Dies können Sie übrigens sehr gut an dem Dialogfenster während eines HotSyncs beobachten. Im ersten Schritt werden Informationen bezüglich des Benutzernamens ermittelt, zumal Sie problemlos auch mehrere Anwender verwalten können. Anhand des aktuellen Benutzers und dessen Einstellungen werden die notwendigen Schritte definiert. Anschließend wird eine Liste aller Anwendungen mit den zur Synchronisierung ausstehenden Daten verglichen. Dann werden die definierten Daten ausgetauscht.

▶ Fremdanwendungen

Der größte Teil der Programme von Drittanbietern (Shareware, Freeware) verfügt über keinen eigenen Synchronisierungsmechanismus (einen sogenannten Conduit). Dennoch werden die dazugehörigen Daten gesichert. Dazu existiert eine Standardroutine, die alle Daten sichert, die nicht einen eigenen Mechanismus besitzen. Dabei werden bei einer Sicherung die jeweiligen Daten einfach in das Verzeichnis Backup abgelegt.

Daten miteinander verknüpfen

Eine wirklich bahnbrechende Funktion der aktuellen Desktop-Software ist die Verknüpfung von Daten mit dem HotSync. Bei der Synchronisation wird überprüft, ob Änderungen vorhanden sind und ob diese aktualisiert werden müssen. Die Daten können als reine Textdateien oder im CSV-Format abgelegt werden. Das CSV-Format wird beispielsweise direkt von Microsoft Excel unterstützt.

Wie tausche ich die Daten mit einem PC aus?

Die Einrichtung dieser Verknüpfung ist denkbar einfach:

1 Sie wählen in der Desktop-Anwendung den Menüpunkt *Datei verknüpfen* unter dem Punkt *HotSync*. Anschließend startet ein Assistent, der Sie durch die notwendigen Einstellungen führt.

2 Nun legen Sie fest, ob eine neue Verknüpfung erzeugt oder eine bestehende verändert bzw. gelöst werden soll.

3 Sofern mehrere Anwender erscheinen, klicken Sie den betreffenden Namen an. Klicken Sie auf *Weiter*.

4 Im nächsten Fenster legen Sie fest, um welche Anwendung es sich überhaupt handelt. Im Fall einer Textdatei nutzen Sie das Programm *Merkzettel*.

5 Dann geben Sie den Pfad der Datei und eine Kategorie an.

6 Im letzten Fenster haben Sie noch die Möglichkeit, die Häufigkeit der Aktualisierung der Verknüpfung festzulegen.

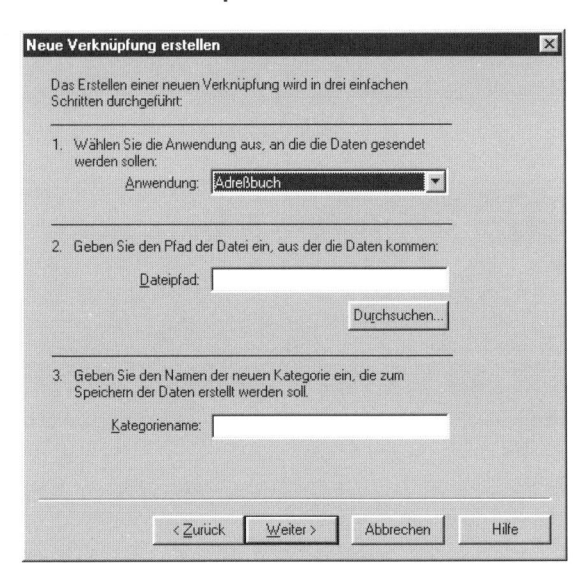

Einen HotSync von unterwegs ausführen

Natürlich sind Sie nicht ausschließlich an einen stationären Abgleich gebunden. Auch unterwegs können Sie Ihren PalmPilot auf den neuesten Stand bringen. Voraussetzung dafür ist, dass Sie per Modem oder GSM-Handy online sind und auf dem PC der HotSync-Manager aktiv ist. Zudem muss der HotSync auf den Modembetrieb, im Kontextmenü *Modem*, eingestellt sein.

So funktioniert das Zusammenspiel mit anderen E-Mail-Clients

Im Gegensatz zu anderen Lösungen für Handheld-Geräte ist beim PalmPilot kein separater Mail-Server erforderlich. Statt dessen findet eine Zusammenarbeit zwischen dem PalmPilot und der E-Mail-Anwendung direkt statt, mit der die Synchronisierung in den Posteingängen gewährleistet wird.

Die E-Mail-Anwendung besteht aus zwei Komponenten:

1. aus der Client-Software, die unter PalmOS ausgeführt wird, und

2. einem Conduit, mit dem die E-Mail-Daten auf dem PalmPilot mit der E-Mail-Anwendung des Benutzers verknüpft werden.

Für diese Funktionalität kommen zwei Arten von Benutzern in Betracht, die entsprechende Lösungen nutzen. Im beruflichen Umfeld sind die Anwender am Einsatz mehrerer Handheld-Geräte in einem Unternehmen interessiert. In diesem Fall muss eine Zusammenarbeit zwischen der Mail-Anwendung und dem Mail-System im Unternehmen möglich sein.

Wie tausche ich die Daten mit einem PC aus?

Private Nutzer möchten E-Mails auf dem PalmPilot erstellen und anzeigen. Sie verwenden normalerweise Microsoft Exchange oder Outlook, Lotus cc:Mail oder Eudora als E-Mail-Anwendung.

Welche E-Mail-Anwendungen werden unterstützt?

Das Standardprogramm *Mail* auf Ihrem PalmPilot kann E-Mail-Anwendungen unterstützen, die unter Windows 95 oder 98 oder Windows NT arbeiten und die mit MAPI und VIM kompatibel sind. Es kann jedoch zu geringfügigen Abweichungen bei der Implementierung dieser Standards durch die Vertreiber kommen. Nicht alle Clients, die angeblich MAPI oder VIM unterstützen, wurden einer gründlichen Prüfung unterzogen.

> ▶ **VIM**
> Vendor Independend Messaging. Ein hauptsächlich von Lotus entwickelter Standard zur Kommunikation von E-Mail-Programmen. Wird hauptsächlich von CC:Mail, einem Lotus-Produkt, unterstützt; es gibt aber auch Fremdanwendungen.

Folgende Versionen werden unterstützt:

1. Lotus cc:Mail 2.5, 6.0, 7.0 oder höher (Theoretisch kann jede Version von cc:Mail verwendet werden, wenn Version DB 6 oder DB 8 von cc:Mail Post Office eingesetzt wird; dies gilt auch für cc:Mail 2.2.)

2. Microsoft Exchange 4.0 oder höher (oder Windows Messaging)

3. Eudora Pro 3.0.3 oder höher

4. Eudora Lite 3.0.3 oder höher

Derzeit nicht unterstützt werden:

5. Lotus Notes 4.5

6. Novell GroupWise 5

7. AOL America Online (in Vorbereitung)

8. CompuServe

Kapitel 8

- 9 DEC All-in-One
- 10 Eudora Pro 2.x
- 11 Netscape Mail
- 12 PROFS
- 13 UNIX Pine

> ▶ **MAPI**
> Mail-Application Interface. Das Nachrichtensubsystem von Windows 95/98. Es ermöglicht es Anwendungen auf einfache Weise, Dokumente als Mails zu versenden, indem es die gesamte Funktionalität des Mailsystems (z.B. Microsoft Exchange) als Programmierschnittstelle zur Verfügung stellt.

Outlook Express synchronisieren

Nach der Installation der Palm-Desktop-Anwendung finden Sie in dem dazugehörigen Ordner den Eintrag *Mail-Setup*. Anhand eines Mail-Client lernen Sie die Möglichkeiten des Synchronisierens von E-Mails zwischen dem PalmPilot und einem Mail-Client kennen.

Im Gegensatz zu einer Vielzahl anderer Mail-Lösungen für Handheld-Geräte ist kein separater E-Mail-Server erforderlich. Stattdessen findet eine Zusammenarbeit zwischen dem Handheld-Gerät und der E-Mail-Anwendung statt, mit der die Synchronisierung in den Posteingängen gewährleistet wird.

> ▶ **CompuServe-Nachrichten**
> Auf elektronische Nachrichten von einem CompuServe-Konto kann nur zugegriffen werden, wenn Microsoft Exchange (oder Outlook) als Client mit dem CompuServe-Gateway verwendet wird. Eine direkte Zusammenarbeit zwischen dem PalmPilot und der E-Mail-Anwendung von CompuServe ist nicht möglich.

Anhand von Microsoft Outlook Express lernen Sie die notwendigen Schritte für ein Zusammenspiel der beiden Anwendungen kennen. In den folgenden Kapiteln wird das Abgleichen von Daten auch mit anderen Standard-Anwendungen beschrieben.

Wie tausche ich die Daten mit einem PC aus?

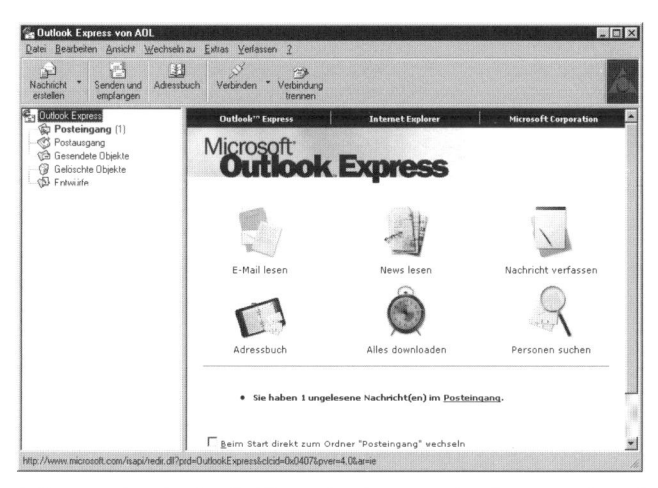

Outlook Express ist der Mail-Client des Internet Explorer 4.0/5.0. Seine Leistungsfähigkeit liegt zwischen der letzten Version von Microsoft-Mail/Exchange und der aktuellen Version von Outlook. Der Bildschirmaufbau erinnert mehr an den Mail-Client von Exchange und hat nur wenig mit Outlook gemein. Die Funktionalität wurde aber erheblich erweitert.

> ▶ **AOL-Nachrichten**
>
> Momentan wird der Mail-Austausch mit AOL nicht unterstützt. Da die E-Mail-Anwendung von AOL weder MAPI noch VIM unterstützt, kann derzeit keine umfassende E-Mail-Synchronisierung angeboten werden. Allerdings existieren spezielle Shareware-Programme, die diesen Austausch ermöglichen.

Folgende Schritte sind nun für einen Datenabgleich notwendig:

14 Zunächst begeben Sie sich in den Palm Desktop. Hier rufen Sie den Menüpunkt *Benutzerdefiniert* unter dem Punkt *HotSync* auf. Im folgenden Dialogfenster entscheiden Sie sich für den Eintrag *Mail* und markieren diesen. Klicken Sie nun auf den Schalter *Ändern*. Wählen Sie hier die Einstellung *Dateien synchronisieren*.

Kapitel 8

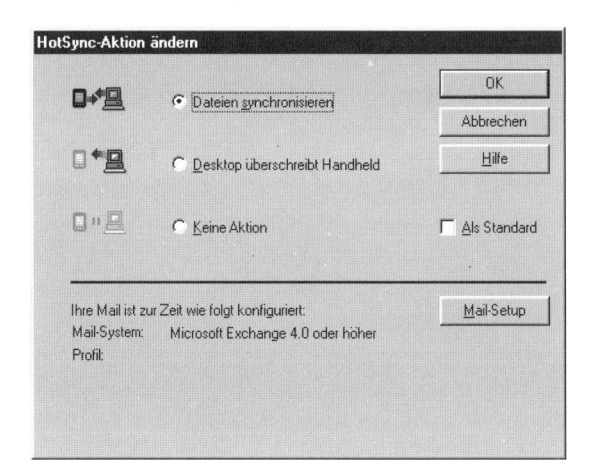

15 Als nächsten Schritt wenden Sie sich Microsoft Outlook Express zu. Starten Sie die Anwendung und begeben Sie sich zu dem Menüpunkt *Optionen* unter dem Punkt *Extras*. Wählen Sie in dem Menü die Punkte *Outlook Express als Standardprogramm für E-Mail einrichten* und *Outlook Express als Standardclient für Simple-Mapi einrichten*.

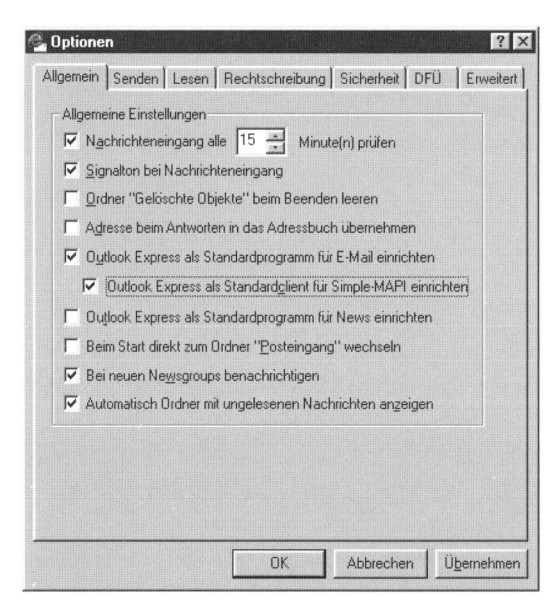

Diese Einstellung wird anschließend mit folgender Meldung quittiert.

Wie tausche ich die Daten mit einem PC aus?

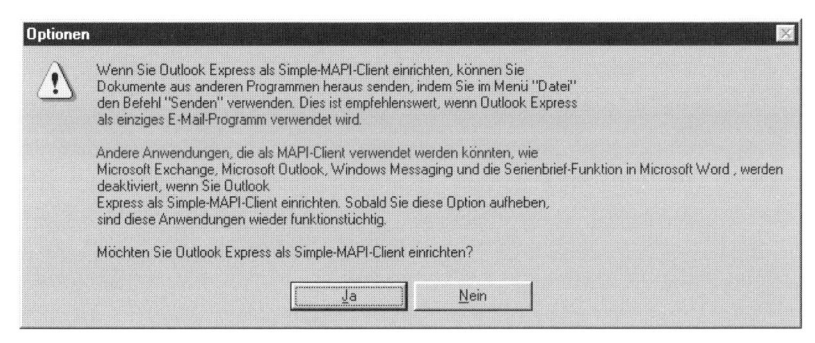

> **Optionen**
>
> ⚠ Wenn Sie Outlook Express als Simple-MAPI-Client einrichten, können Sie Dokumente aus anderen Programmen heraus senden, indem Sie im Menü "Datei" den Befehl "Senden" verwenden. Dies ist empfehlenswert, wenn Outlook Express als einziges E-Mail-Programm verwendet wird.
>
> Andere Anwendungen, die als MAPI-Client verwendet werden könnten, wie Microsoft Exchange, Microsoft Outlook, Windows Messaging und die Serienbrief-Funktion in Microsoft Word, werden deaktiviert, wenn Sie Outlook Express als Simple-MAPI-Client einrichten. Sobald Sie diese Option aufheben, sind diese Anwendungen wieder funktionstüchtig.
>
> Möchten Sie Outlook Express als Simple-MAPI-Client einrichten?
>
> [Ja]   [Nein]

Nach diesen Einstellungen für Ihren E-Mail-Account können Sie ins Internet gehen und aktuelle Nachrichten abholen. Diese werden im Ordner *Posteingang* abgelegt und beim anschließenden Abgleich (Hotsync) auf Ihren PalmPilot übertragen. Entsprechend funktioniert auch der umgekehrte Weg.

Microsoft Outlook synchronisieren

Ab dem Palm III wird auf einer mitgelieferten CD-ROM das Programm Pocket Mirror beigelegt. Über dieses Programm können die Daten der Standardanwendungen des Palm mit MS Outlook (ab 97) synchronisiert werden.

Installieren Sie Pocket Mirror auf Ihrem PC und starten Sie dazu das Setup von der CD-ROM. Geben Sie das Installationsverzeichnis und die Programmgruppe an. Im nächsten Schritt müssen Sie auswählen, welche Conduits Sie mit Outlook synchronisieren wollen. Ihr E-Mail-Account muss in Outlook eingerichtet sein und die ausgewählten Anwendungen werden mit Outlook synchronisiert.

> ▶ **Synchronisation von Terminen mit Outlook**
>
> Termine, die in Outlook mehrere Tage dauern, können vom Palm nicht verarbeitet werden. Diese Termine müssen für jeden Tag extra eingetragen werden.

Welche Software arbeitet noch mit einem PalmPilot?

Es existiert heute eine reichhaltige Palette an Organizern, die alle in der Lage sind, Ihre Daten mit einem PalmPilot auszutauschen. Hier eine Liste der Produkte, die natürlich keinen Anspruch auf Vollständigkeit erhebt. Folgende Produkte und entsprechende Hot-Sync-Anwendungen existieren:

Organizer	HotSync-Software
Symantec ACT!	Symantec PalmPilot Link (im Lieferumfang)
	CompanionLink Express/Professional
	Extended Systems Enterprise Harmony

Kapitel 8

Organizer	HotSync-Software
Day-Timer Organizer	Puma Technology IntelliSync
GoldMine	CompanionLink Express/Professional
	Puma Technology IntelliSync
	Extended Systems Enterprise Harmony
Lotus Organizer	CompanionLink Express/Professional
	Lotus EasySync (kostenlos)
	Extended Systems Enterprise Harmony
	Globalware Pylon Conduit
Lotus cc:Mail 2.5, 6.0, 7.0	Palm Desktop (nur Email)
Microsoft Outlook 97/98	Chapura PocketMirror (Palm mitgeliefert)
	CompanionLink Express/Professional
	Puma Technology IntelliSync
	Palm Desktop (nur Email mit Outlook 97)
	Extended Systems Enterprise Harmony
	Desktop To Go
Microsoft Schedule+	CompanionLink Express/Professional
	Puma Technology IntelliSync
	Desktop To Go
Microsoft Exchange	Puma Technology IntelliSync
	Palm Desktop (nur Email mit Exchange 4.01)
	Microsoft Windows Messaging 4.0
	Palm Desktop (nur Email)
	Microsoft Outlook Express
	Eudora 3.0.3 (oder höher)
Netscape Calendar	Netscape Calendar Link
Sidekick	Puma Technology IntelliSync
TaskTimer	TaskTimer for PalmPilot

Neue Programme

Eine der wesentlichen Funktionalitäten des PalmPilot ist die einfache und schnelle Installation von neuen Programmen. Komplizierte Installationsroutinen gehören der Vergangenheit an. Zudem existiert eine riesige Anzahl von Zusatzprogrammen von Drittanbietern.

Auch hier kommt wieder der HotSync-Manager zum Einsatz. Das eigentliche Installationswerkzeug ist im Lieferumfang des PalmPilot enthalten. Es legt die betreffende Software im Speicher des Palm ab. Dabei muss die Software die Endung .prc tragen. Die

Wie tausche ich die Daten mit einem PC aus?

Installationsroutine können Sie direkt über den gleichnamigen Schalter im Palm Desktop aktivieren.

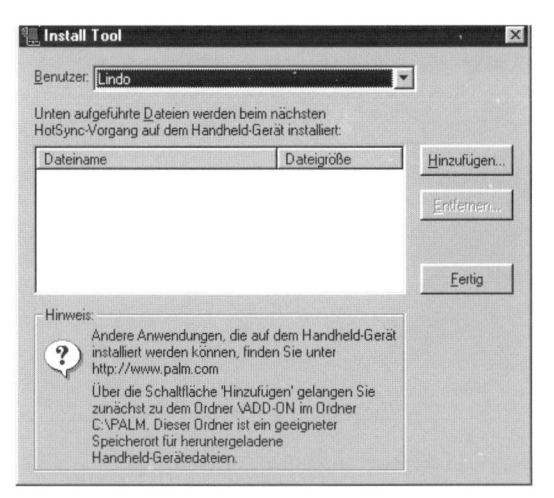

Im Dialogfenster der Installationsroutine legen Sie zunächst fest, welchem Benutzer Sie das neue Programm überspielen wollen. Darunter befindet sind ein Fenster, in dem die ausgewählten Programme vermerkt sind. Über den Schalter *Hinzufügen* laden Sie neue PRC-Software für den PalmPilot in das Fenster. Dazu öffnet sich ein eigenes Dialogfenster, in dem Sie innerhalb der verfügbaren Verzeichnisse Ihres Rechners die gewünschte Software auswählen.

Mit einem Klick auf den Schalter *Fertig* beenden Sie die Routine. Beim nächsten HotSync wird die ausgewählte Applikation auf den PalmPilot übertragen.

▶ Verbindung via USB

3Com kündigt mit dem PalmConnect USB Kit eine neue Hardware-Lösung an, die eine optimierte Verbindung des Personal Digital Assistant (PDA) mit aktuellen Power Macintosh- und Windows-Computern via USB-Anschluss ermöglicht. Insbesondere stellt es eine Lösung zur Macintosh-Integration in Windows PCs für den iMac, das iBook, den G3 Computer sowie das Apple PowerBook dar. Das PalmConnect USB Kit kann in Verbindung mit sämtlichen Produkten der Palm III-Familie sowie allen dazu kompatiblen Geräten wie das IBM Work-Pad genutzt werden. Dazu muss der Anwender lediglich das Plug-and-play-Kabel mit der HotSync-Docking-Station des Palm sowie dem USB-Port des Desktop-Rechners verbinden. Bestandteil des Kit sind ferner die jüngste Palm Desktop 2.5 Software für Macintosh und erforderliche Treiber sowohl für die Windows- als auch die Macintosh-Welt.

Kapitel 8

Wie funktioniert der Abgleich mit dem Netscape Communicator?

Mit den richtigen Handgriffen lässt sich mit dem Netscape Communicator eine besonders effektive Zusammenarbeit mit dem PalmPilot herstellen. Neben einem Abgleichen mit dem integrierten Adressbuch von Netscape können auch E-Mails mit dem Netscape Messenger in beide Richtungen ausgetauscht werden. Sie können also empfangene E-Mails auf dem PalmPilot lesen, die über den Communicator empfangen wurden und entsprechend elektronische Nachrichten auf dem Organizer entwickeln und anschließend über Netscape auf den digitalen Weg bringen.

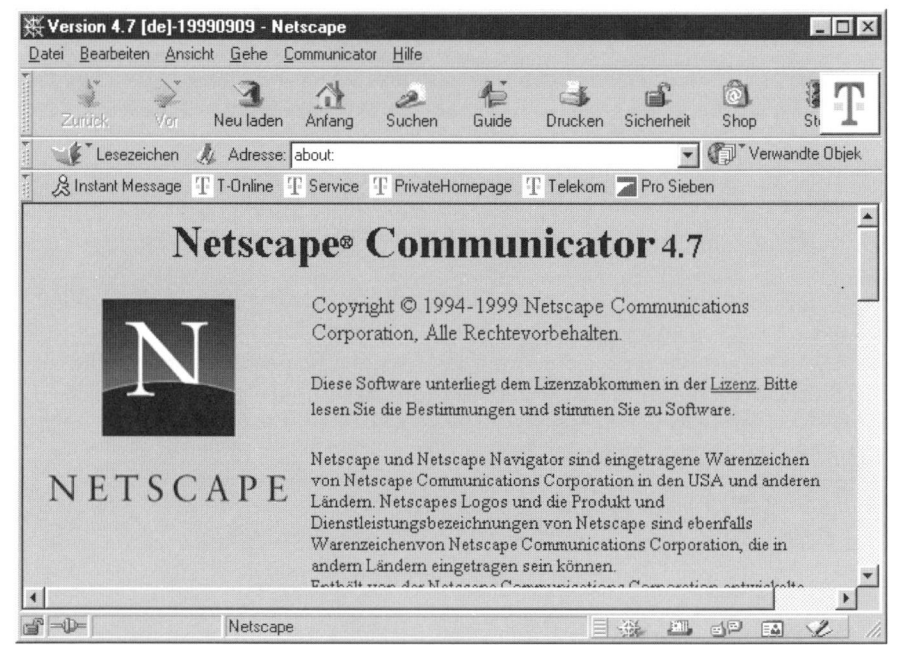

Allerdings ist dieses Zusammenspiel erst ab der Version 4.5 von Netscape und ab der Version 2.0 des HotSync-Managers möglich. Zur Einrichtung der Zusammenarbeit müssen Sie zunächst beide Applikationen auf ihrem Rechner installieren. Dann werden die dazugehörigen Conduits von Netscape aktiviert. Dazu finden Sie im Start-Menü unter *Start / Programme / Netscape Communicator / Palm Tools / Adress Book Palm Sync Install*. Bei einem ersten Start werden die Conduits vom Palm Desktop durch die von Netscape (*Netscape Address Book*) ersetzt. Bei der Synchronisation werden nun die Adressen zwischen dem PalmPilot und dem Netscape Communicator abgeglichen. Dabei werden auch die vorhandenen Kategorien synchronisiert.

Wie ändere ich die benutzerdefinierten Felder?

Das Adressbuch von Netscape verfügt natürlich im Vergleich zur Adressenverwaltung des PalmPilots über wesentlich mehr Felder. Entsprechend können Sie den vier benutzerdefinierten Feldern des PalmPilots ein beliebiges Feld aus dem Adressbuch des Messengers zuweisen. Dies geschieht über die Datei *nabcnd32.cfg*. Diese listet die einzelnen Felder auf und kann mit jedem beliebigen Editor bearbeitet werden. Nach der Installation hat die Datei folgenden Aufbau:

[SyncExclude]

[Fields]

Last name=1,sn,0

First name=1,givenname,0

Title=1,title,0

Company=1,o,0

Address=1,streetaddress,1

City=1,locality,0

State=1,st,0

Zip Code=1,postalcode,0

Country=1,countryname,0

Note=1,description,1

Phone0=1,0,telephonenumber,0

Phone1=1,1,homephone,0

Phone2=1,2,facsimiletelephonenumber,0

Phone3=1,4,mail,0

Phone4=1,6,pagerphone,0

Custom0=0,0,,0

Custom1=0,0,,0

Custom2=0,0,,0

Custom3=0,0,,0

Kapitel 8

Besonders interessant sind dabei die letzten vier Zeilen der Datei, die die benutzerdefinierten Felder darstellen. Neben dem eigentlichen Feldnamen enthält jede Zeile insgesamt vier Parameter:

1 Der erste Paramter bestimmt, ob eine Synchronisation durchgeführt werden soll (1=ja, 0=nein).

2 Nun folgt der vom Benutzer definierte Feldname.

3 Daran schließt sich die Angabe des Feldnamens im Ldif-Format an.

4 Den Abschluss bildet die Angabe, ob es sich um ein mehrzeiliges Feld handelt (1=ja, 0=nein).

Das Netscape-Adressbuch arbeitet nach dem Ldif-Standard (LDAP Data Interchange Format). Dieses Format erlaubt es, dass die Adressen von unterschiedlichen Mail-Clients und PIM-Programmen untereinander austauschbar sind. Möchten Sie bestimmte Felder aus dem Netscape-Adressenbestand dem PalmPilot-Adressen zuordnen, so müssen Sie sich der Ldif-Bezeichnungen bedienen.

Die folgende Tabelle stellt eine Liste der Ldif-Bezeichnungen der Netscape-Adressen dar:

Ldif	Netscape (engl.)	Netscape (dt.)
givenname	First name	Vorname
sn	Last name	Nachname
mail	Email Address	E-Mail-Adresse
xmozillanickname	Nickname	Spitzname
title	Title	Titel
o	Organization	Firma
ou	Department	Abteilung
description	Notes	Hinweise
streetaddress	Address	Adresse
locality	City	Ort
st	State	Bundesland
postalcode	Zip	PLZ
countryname	Country	Land
telephonenumber	Work phone	Dienstlich
homephone	Home phone	Privat
facsimiletelephonenumber	Fax	Fax

Wie tausche ich die Daten mit einem PC aus?

Ldif	Netscape (engl.)	Netscape (dt.)
pagerphone	Pager	Piepser
cellphone	Cellular	Mobiltelefon
xmozillausehtmlmail	Prefers to receive	Bevorzugte
	rich text (html)	Nachrichten im
	mail	HTML-Format
homeurl	URL	URL

Tabelle 8.2: Liste der Ldif-Bezeichnungen

Möchten Sie beispielsweise dem ersten Feld die verfügbare Mobiltelefon-Nummer zuordnen, so muss folgender Eintrag für das erste Feld in der *nabcnd32.cfg* enthalten sein:

Custom0=1,Mobiltelefon,cellphone,0

(1=das Feld soll synchronisiert werden; der neue Feldname lautet Mobiltelefon; die Ldif-Bezeichnung lautet cellphone; 0=es handelt sich um ein einzeiliges Feld)

Wie tausche ich E-Mails mit dem Netscape Messenger aus?

Eine Besonderheit stellt das Zusammenspiel bei E-Mails zwischen einem Mail-Client und dem PalmPilot dar. Anhand des Netscape Messengers stellen wir ihnen diese Funktionalität vor. Natürlich können Sie diese Form der Kommunikation auch mit einem anderen Client realisieren.

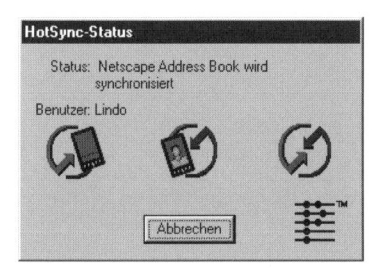

Der Vorteil bei dieser Vorgehensweise liegt darin, dass Sie auf ihrem PalmPilot in aller Ruhe ihre wichtigen Nachrichten verfassen können. Dabei besteht noch keine Online-Verbindung ins Netz. Bei der Synchronisierung über den HotSync-Manager werden im nächsten Schritt die neuen Nachrichten auf dem PC abgelegt. Die ungelesenen E-Mails, die über den Client aus dem Netz geholt wurden, werden auf dem PalmPilot abgelegt.

Kapitel 8

Auf diesem Wege können Sie ihre E-Mails vorbereiten, empfangen, versenden und weiterverarbeiten. Doch um mit Netscape das erste Zusammenspiel zu ermöglichen, sind einige Einstellungen notwendig:

1 Unter dem Messenger wählen Sie zunächst den Menüpunkt *Bearbeiten / Einstellungen*.

2 Hier begeben Sie sich in die Kategorie *Mail & Diskussionsforen* und aktivieren die Option *Bei MAPI-basierten Anwendungen Netscape Messenger verwenden*.

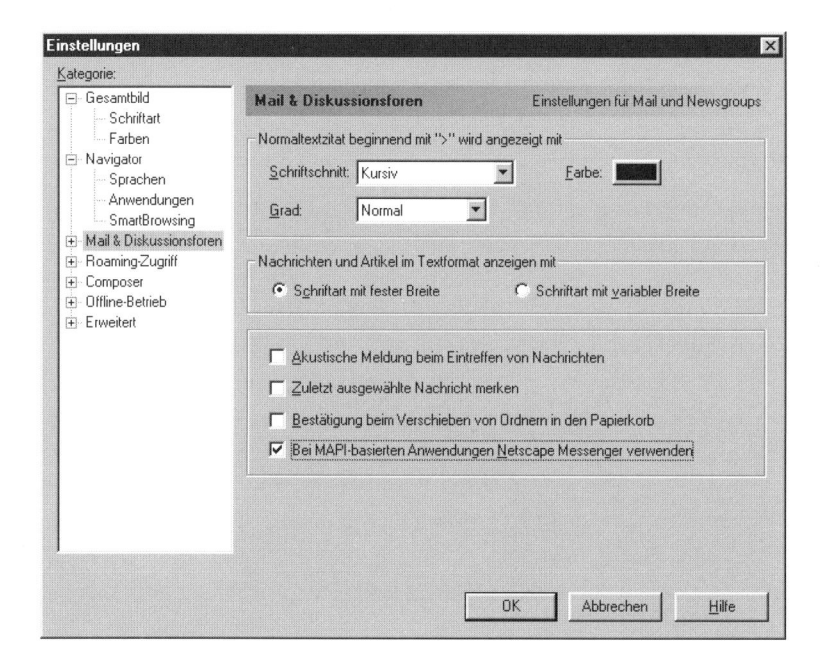

3 Wenn Sie bereits die Netscape-Conduits installiert haben, begeben Sie sich nun in den HotSync-Manager. Im Palm Desktop aktivieren Sie unter HotSync den Menüpunkt *Benutzerdefininiert*. Wählen Sie in dem Dialogfenster die Zeile *Mail* aus und klicken den Schalter *Ändern* an. In der Liste der verfügbaren E-Mail-Programme erscheint nun auch der Netscape Communicator. Wählen Sie diesen Eintrag aus.

Wie tausche ich die Daten mit einem PC aus?

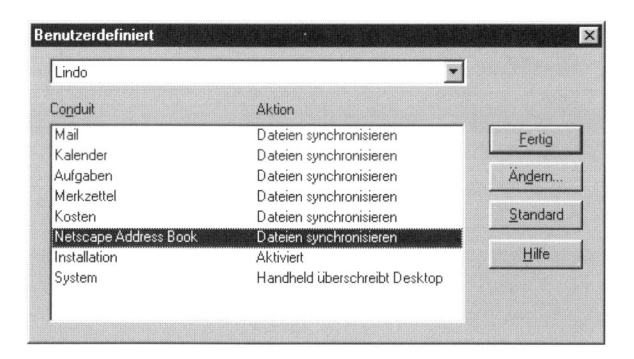

4 Beim Start der ersten Synchronisation springen Sie automatisch in den Profil-Manager von Netscape. Hier geben Sie ihre persönlichen Angaben für ihr Profil und ihre E-Mail-Adresse an.

5 Nun steht dem Zusammenspiel nichts mehr im Wege.

Wie erstelle ich Mails für den Netscape Messenger?

1 Möchten Sie eine neue Nachricht erzeugen, klicken Sie zunächst auf den Schalter *Neu*. Es erscheint eine leere Seite mit den Felder *An:*, *CC:*, *Betr.:* und *Text:*. Füllen Sie die einzelnen Zeilen aus.

2 In der Zeile *An*: geben Sie die E-Mail-Adresse des Empfängers an. Diese können Sie manuell eingeben oder aus dem integrierten Adressbuch über den Menüpunkt *Optionen / Telefonbuch* laden.

3 Darunter finden Sie die Zeile *CC:* (= Carbon Copy, engl. Durchschlag). Hier können Sie weitere Empfänger eingeben, die eine Kopie des Briefes erhalten.

4 Unter *Betr.:* geben Sie die Betreffzeile und unter Text den eigentlichen Inhalt ihrer E-Mail ein.

5 Unter *Details* finden Sie weitere Einstellungen. Aktivieren Sie den Schalter *BCC* (= Blind Carbon Copy), So können Sie eine Nachricht an mehrere Empfänger verschicken. Alle Adressen der Empfänger, die als BCC eingetragen sind, erscheinen deren Adresse nicht in der Empfängerliste.

Kapitel 8

Auch hier greifen Sie auf das Programm Mail zurück. Ähnlich wie bei einem normalen Client geben Sie im ersten Schritt die notwendigen Verbindungs-Parameter ein.

1 Aktivieren Sie den Schalter *Unterschrift*, so wird der Mail automatisch eine Signatur angehängt. Es handelt sich dabei um einige Zeilen Text, die den Namen, die Adresse, den Beruf, die Erreichbarkeit sowie meistens einen guten Spruch des Autors eines Artikels beinhalten. Den Inhalt ihrer Signatur geben Sie über die *Optionen / Einstellungen* ein.

2 Abschließend lassen sich noch das Leser der Nachricht und die Übertragung bestätigen.

3 Haben Sie alle Eingaben vorgenommen, tippen Sie auf den Schalter *Senden*. Beim nächsten Synchronisieren mit ihrem PC wird die Nachricht an ihren Mail-Client geschickt.

▶ Entwurf einer E-Mail

Natürlich müssen Sie nicht jede Nachricht sofort fertig stellen. Sie können eine Mail auch als Entwurf ausweisen. So lässt sich der Inhalt auch zu einem späteren Zeitpunkt bearbeiten. Gehen Sie wie oben beschrieben bei der Erstellung einer Nachricht vor, nur sollten Sie bei der Beendigung einfach den Schalter Abbrechen anklicken. Sie erhalten dann eine Abfrage, ob die Nachricht als Entwurf abgelegt werden soll.

Wie tausche ich die Daten mit einem PC aus?

Wie verarbeite ich eingehende E-Mails?

Im ungekehrten Weg können Sie natürlich auch eingehende Nachrichten vom PC auf den PalmPilot laden und dort in aller Ruhe lesen, bearbeiten, weiterleiten und beantworten. Sie erhalten dabei eine Liste mit allen empfangenen Nachrichten mit der Mail-Adresse des Absenders, die Betreffzeile sowie das Eingangsdatum. Durch ein Klick auf eine bestimmte Nachricht, öffnen Sie die Mail und können einen Blick auf den Inhalt werfen. Hier können Sie dann direkt antworten oder die Nachricht löschen.

Doch ihr PalmPilot bietet in Sachen E-Mail noch mehr. So können E-Mails eine beträchtliche Größe annehmen, was natürlich den Speicher ihres PalmPilots sofort sprengt. So finden Sie unter dem Menüpunkt *Optionen / HotSync-Optionen* einige Einstellungen, mit denen Sie das besagte Problem in den Griff bekommen. An dieser Stelle können Sie selbst bestimmen, wie viele Nachrichten während eines HotSync-Vorganges auf den PalmPilot übertragen werden. Dabei lassen sich getrennte Einstellungen für eine lokale Sychronisation und einen Abgleich via Modem vornehmen, was besonders bei einer niedrigen Übertragungsgeschwindigkeit sinnvoll ist. So finden Sie in dem Dialog mehrere Einstellungen:

1 *Alle*: hier werden alle Nachrichten versandt und empfangen, die Sie erzeugen oder über den Mail-Client hereinkommen.

2 *Nur senden*: Es werden ausschließlich elektronische Nachrichten, die sich im Ausgang des PalmPilots befinden, versendet. Es werden jedoch keine Nachrichten vom Client übernommen.

Kapitel 8

3 *Filter*: über diesen Filter können Sie Spams ausschließen oder Nachrichten von bestimmten Absendern zulassen. So können Sie beispielsweise nur Nachrichten, die eine höhere Priorität besitzen, empfangen. Allerdings wird die Vergabe von unterschiedlichen Prioritäten nicht von allen Mail-Clients unterstützt. Daher ist die Einstellung eher mit Vorsicht zu genießen. Ferner stehen ihnen die Einstellungen *Nachrichten ignorieren mit* und *Nur Nachrichten abrufen mit* zur Verfügung. Diese beiden Optionen beziehen sich auf die Eingaben Empfänger (*An:*), Adressat (*Von:*) und die Betreffzeile (*Betr.:*). Sie filtern gezielt bestimmte Nachrichten heraus.

> ▶ **Spams oder Junk-Mails**
>
> Es handelt sich dabei um unerwünschte Mails, die meist als Werbebotschaften missbraucht werden und unnötig das Postfach füllen. Zudem verursachen Sie Übertragungskosten. Idealerweise sollten Sie bereits bei ihrem Mail-Client entsprechenden Vorkehrungen treffen. So bieten viele Produkte bereits hervorrangende Filterfunktionen, die über die Möglichkeiten des PalmPilots deutlich hinausgehen.

4 *Ungelesen*: Sie können nur ungelesene Nachrichten auf ihren PalmPilot herunterladen und dort anzeigen lassen. Bei jedem Abgleich werden alle gelesenen Nachrichten auf dem Handheld gelöscht und diese in den Eingangsordner des Desktops abgelegt.

5 *Kürzen*: Wenn ihr Eingangsordner viele Mails enthält, dann empfiehlt es sich, den Text der einzelnen Nachrichten auf eine bestimmte Länge zu kürzen. Sie sparen dadurch deutlich an Speicherplatz und es können weitere Nachrichten auf den Palmpilot geladen werden. Es stehen ihnen dafür unterschiedliche Längen (250, 500, 1.000, 2.000, 4.000, 6.000 und 8.000 Zeichen) zur Verfügung. Allerdings gehen natürlich auch Informationen verloren, da am Ende der Nachricht alles gekürzt wird, was über die festgelegte Länge hinaus geht. Allerdings liegen die Original-Nachrichten noch auf dem Client vor und zusätzlich informiert Sie das HotSync-Protokoll über die vollzogenen Kürzungen.

Wie tausche ich die Daten mit einem PC aus?

Wie arbeitet ich mit StarOffice

StarOffice gehört zu den wenigen Office-Paketen, das sich neben Microsoft Office etabliert hat. Dabei spielt sicherlich die aggressive Form des Vertriebs eine wesentliche Rolle. So ist StarOffice kostenlos über das Internet zu beziehen. Natürlich darf bei einem Office-Paket ein Terminkalender, der um eine Aufgabenliste und einem Adressbuch ergänzt wird, nicht fehlen. Alle drei Module lassen sich mit dem PalmPilot synchronisieren.

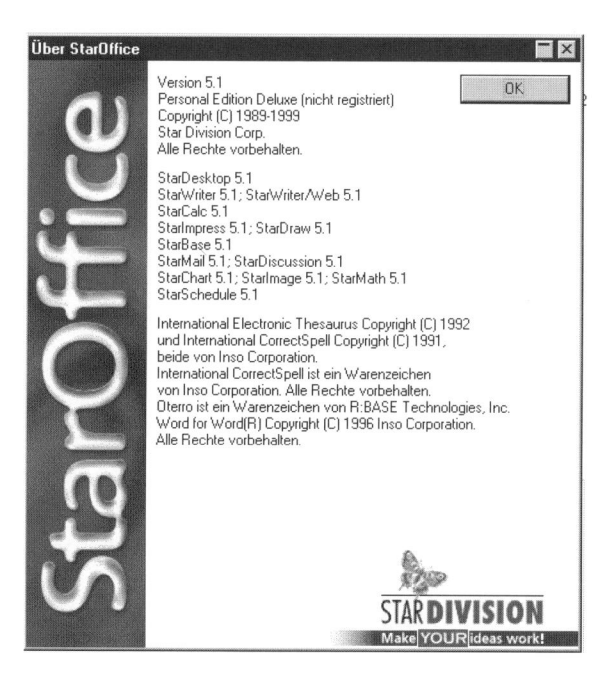

▶ **StarOffice aus dem Internet**

Unter *http://www.stardivision.de* können Sie das Office-Paket herunterladen. Allerdings warten rund 60 Mbyte bei der aktuellen Version auf Sie. Viele Fachzeitschriften bieten auf der beiliegenden CD-ROM ebenfalls die Software an. Halten Sie einfach die Augen auf. Dieser Weg ist auf jeden Fall günstiger.

Kapitel 8

Sofern Sie StarOffice auf ihrem Rechner installiert haben, achten Sie darauf, dass auch das Verzeichnis *StarSchedule/Datenabgleich* vorhanden ist. Ansonsten können Sie die notwendigen Dateien auch noch nachträglich per Setup installieren. In diesem Verzeichnis finden Sie auch die Anwendung Starsync.prc. Diese müssen Sie im ersten Schritt auf ihren PalmPilot installieren, nur so funktioniert die Synchronisation der Daten zwischen StarOffice und dem PalmPilot. Mit Hilfe diesen Programms geben Sie an, welche Daten überhaupt abgeglichen werden. Nach der Installation sind alle drei Datenarten (Aufgaben, Termine sowie Adressen) aktiviert.

Nach dem Sie die notwendigen Vorbereitungen auf dem PalmPilot vorgenommen haben, sind noch einige Einstellungen auf ihrem PC notwendig:

1. Rufen Sie den HotSync-Manager auf und stellen die Option *Benutzerdefiniert* ein.

2. Die Conduits *Kalender*, *Adreßbuch* und *Aufgaben* setzen Sie auf den Parameter *keine Aktion*. Anschließend definieren Sie diese Einstellung als Standard über den gleichnamigen Schalter.

3. Es erscheint in der Liste des HotSync-Managers der Eintrag *StarSync*.

4. Wählen Sie diesen Eintrag aus und stellen Sie über den Schalter *Ändern* die gewünschten Optionen ein. Sind beispielsweise mehrere Anwender im StarOffice-Kalender definiert, so lassen sich diese unterschiedlichen PalmPilot-Nutzern zuordnen. Diese Angaben nehmen Sie im Register *Allgemein* vor.

5. Unter dem Register Richtung sollten Sie die Einstellung *Daten mit PalmPilot synchronisieren* wählen.

Sie haben nun alle wesentlichen Einstellungen vorgenommen. Starten Sie den HotSync-Manager erneut und nehmen den ersten Datenabgleich vor. Wichtig dabei ist, dass StarOffice auf ihrem Rechner hochgefahren ist. Im letzten Schritt müssen Sie noch die Kategorien des PalmPilots denen von StarOffice zuweisen.

Wie tausche ich die Daten mit einem PC aus?

Wie arbeitet der TaskTimer mit dem PalmPilot zusammen?

Eines der bekanntesten Organizer, der besonders in der klassischen Papierausführung bekannt geworden ist, existiert auch als Software. Was ist also naheliegender, als diese Anwendung mit dem PalmPilot zu verknüpfen. Dafür bietet das Unternehmen ein eigenes Synchronisierungs-Werkzeug, mit dem Namen *TaskTimer Intellisync-Connector*, an. Dieses benötigen Sie, um die Daten des TaskTimer 4.0 oder 5.0 mit ihrem PalmPilot abzugleichen.

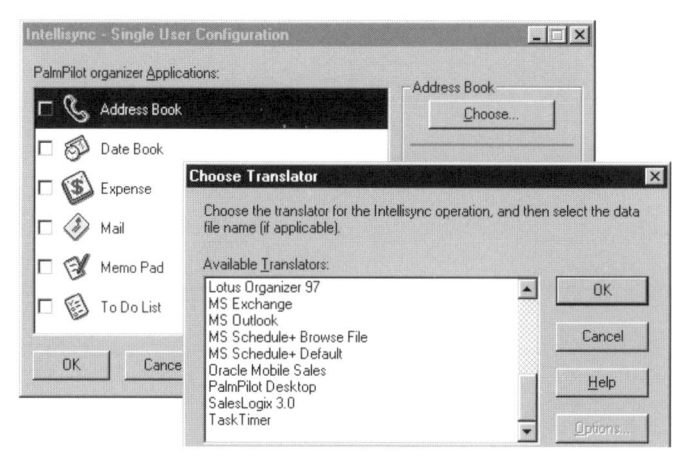

Während der Installation von IntelliSync werden Sie nach *Single-User-* (Einzel-Benutzer) oder *Multiple-User* (Mehrfach-Benutzer) Support gefragt. Wählen Sie hier Sie den *Single-User-Support*.

Nach der Installation gelangen Sie in die *IntelliSync-Configuration*. Sie erhalten eine Reihe von Auswahl-Möglichkeiten (*Address Book* usw.). Auf der rechten Seite finden Sie der Schalter *Choose* (Auswahl). Wenn Sie auf diesen Knopf klicken, erhalten Sie eine Auswahl an verfügbaren Synchronisations-Programmen. Wählen Sie *TaskTimer* und klicken Sie auf den Schalter *Synchronise* unterhalb der Auswahl-Liste. Wählen Sie außerdem das Feld *Apply To All Applications* aus und klicken Sie nun OK. *Address Book*, *Date Book*, *Memo Pad* und *ToDo List* werden nun automatisch ausgewählt.

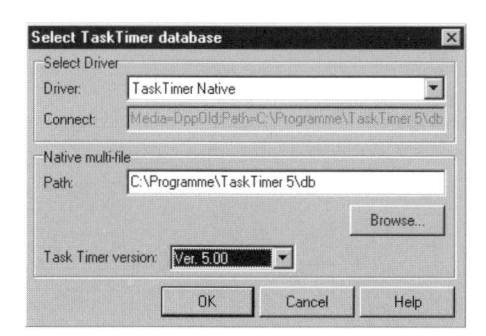

Kapitel 8

Wenn Sie nun zum ersten Mal Ihre Daten synchronisieren möchten, werden Sie gebeten, zunächst den Benutzer auszuwählen (*select*). Wählen Sie ihr Benutzer-Profil. Die Synchronisation beginnt, und IntelliSync fragt nach dem Pfad ihrer TaskTimer-Datenbank *Select TaskTimer Datebase*. Bei einer TaskTimer-Standard-Installation liegt der Pfad auf:

C:\Programme\TaskTimer x.xx\db

Der korrekte Pfad muss zwingend eingestellt sein, da sonst die Synchronisation fehlschlägt. Geben Sie nach der Wahl des TaskTimer-Datenbankpfades ihren TaskTimer-Kurznamen und gegebenfalls ihr Passwort ein.

Wie gestalte ich meine eigene Zeitplanung?

Kapitel 9

Haben Sie sich eigentlich schon einmal Gedanken gemacht, wie wenig Arbeitszeit Ihnen zur Verfügung steht. Selbst bei einem durchschnittlichen Arbeitstag von rund 10 Stunden haben Sie bei einer Dauer von 40 Jahren nur etwa 90000 Stunden in Ihrem Leben Zeit, das Beste aus Ihrem Berufsleben zu machen.

40 Jahre x 220 Tage x 10 Stunden = 88000 Stunden

Somit ist Zeit ein kostbares und seltenes Gut, das sich unwiderruflich verringert. Für unsere tägliche Arbeit kann das nur heißen, dass sie konsequent und effektiv genutzt und in folgenden Forderungen umgesetzt werden muss. Der PalmPilot ist der ideale Begleiter, wenn es gilt, die eigene Zeit in den Griff zu bekommen.

Unabhängig von jedem Zeitplaner, auch wenn Sie ein begeisterter Nutzer des PalmPilot sind, gelten ab jetzt folgende Regeln:

6 Sie planen den Arbeitstag exakt und bearbeiten alle Tätigkeiten nach Prioritäten.

7 Sie haben ständig eine komplette Übersicht über alle Aufgaben, Termine und Ziele.

8 Sie haben eine Kontrolle Ihrer eigenen Arbeit.

9 Sie haben einen schnellen Zugriff auf alle wichtigen Informationen und Daten.

10 Sie nutzen Ihre Zeit optimal.

Machen Sie sich klar, dass Zeit Ihr wichtigstes Kapital ist. Es ist mehr wert als Geld und in der deutschen Sprache das meist benutzte Wort.

> ▶ **Zeit ist ...**
> ... ein absolutes knappes Gut,
> ... nicht käuflich,
> ... nicht lagerbar,
> ... nicht vermehrbar,
> ... ständig weniger werdend,
> ... das Leben.

Welche Aufgaben kann der PalmPilot übernehmen?

Grundsätzlich gilt: Ein Zeitmanagement-Programm auf einem Computer funktioniert nach den gleichen Regeln wie der gedruckte Terminplaner. Dies gilt natürlich auch für den Umgang mit dem PalmPilot. Arbeiten Sie nicht mit der nötigen Disziplin, hilft Ihnen der rechnergestützte Planer überhaupt nichts.

Im Vergleich zur gedruckten Ausführung verfügt allerdings der PalmPilot über einige interessante Zusatzfunktionen, die für die tägliche Arbeit sehr nützlich sein können.

Die Terminplanung (Kalender)

Ihr gesamtes Aufgabenspektrum besteht aus einer Reihe von verschiedenen Aktivitäten, die in einem bestimmten Zusammenhang stehen und meist auch in einer Reihenfolge ablaufen. Im Idealfall ist das Ergebnis eines abgelaufenen Prozesses die Zielvorgabe für eine anschließende Aktivität. Jede Aufgabe, jede Tätigkeit ist streng genommen ein mehrteiliger Prozess, der durchlaufen wird. Sie beginnen mit der Festlegung eines Ziels. Was soll erreicht werden? Dann erstellen Sie einen Plan und Handlungsalternativen. Wie soll das Ziel erreicht werden? Daran schließt sich eine Phase der Entscheidung an. Welcher Weg führt zum gewünschten Ziel? Dann folgt die eigentliche Umsetzung und Organisation der anstehenden Aufgabe. Abschließend folgt die Kontrolle. Hier wird die Ausgangssituation mit dem erreichten Zustand verglichen.

Wie gestalte ich meine eigene Zeitplanung?

Die Zeit im Griff

Um überhaupt einen Überblick über Ihre Arbeitsweise, den Umfang und die Art der Einzeltätigkeiten zu bekommen, steht am Anfang jeder Organisation die Ist-Analyse. Sie protokollieren in den nächsten Tagen einfach alle anfallenden Tätigkeiten mit Hilfe des PalmPilot. Nutzen Sie die Funktion *Aufgaben*. Beschreiben Sie jeden Arbeitsschritt kurz und prägnant. Geben Sie das jeweilige Fälligkeitsdatum und die Kategorie ein.

Im zweiten Schritt sollten Sie ebenfalls alle Termine auflisten. Sicherlich kostet diese Aufstellung zunächst viele Zeit und Arbeit. Doch Sie werden sehen, dass sich nach kürzester Zeit der Aufwand gelohnt hat.

Die wichtigsten Grundregeln der Zeitplanung

Haben Sie nun nach einigen Tagen Ihre typischen Arbeitstage protokolliert, so kommen wir zu der eigentlichen Auswertung. Grundsätzlich werden Sie bei der Auswertung feststellen, dass nur rund 60% der Arbeiten wirklich geplant waren. Der Rest der Zeit ist für unerwartete und spontane Tätigkeiten verloren gegangen. Das heißt, bei einem 8 Stunden-Tag haben Sie nur rund fünf Stunden Zeit, die wichtigen Aufgaben zu erledigen.

Zur Auswertung der Tätigkeiten ziehen Sie die ABC-Analyse heran:

Schritt 1:
Ordnen Sie alle Aufgaben nach ihrer Wichtigkeit, in der Reihenfolge ihres Wertes für Ihre Tätigkeit. Beachten Sie dabei, dass Dringlichkeit nichts mit der Wichtigkeit einer Aufgabe zu tun hat.

Schritt 2:
Bewerten Sie alle Aufgaben nach einem ABC-Raster, d.h., Sie verwenden drei unterschiedliche Prioritäten. Den wichtigsten Aufgaben ordnen Sie die Priorität 1 zu. Entsprechend erhalten wichtige Aufgaben die 2, eher unwichtige Aufgaben bekommen die Priorität 3.

> ▶ **Aufgabendetails**
>
> Sie weisen den unterschiedlichen Prioritäten im Dialogfenster Aufgabendetails zu. Sie klicken dazu auf die gewünschte Aufgabe. Anschließend betätigen Sie den Schalter *Details*. Hier finden Sie in der Zeile *Priorität* insgesamt fünf (1,2,3,4,5) Werte. Bei der von uns gewählten ABC-Analyse benötigen Sie allerdings nur drei Stufen. Mit dieser reduzierten Einteilung kommen Sie problemlos aus.

Schritt 3:
Überprüfen Sie anhand der A-Aufgaben Ihren Zeitplan, ob die angesetzte Zeit auch der Bedeutung der Aufgaben entspricht:

1. 65% der Zeit für A-Aufgaben

2. 20% der Zeit für B-Aufgaben

3. 15% der Zeit für C-Aufgaben

Wie gestalte ich meine eigene Zeitplanung?

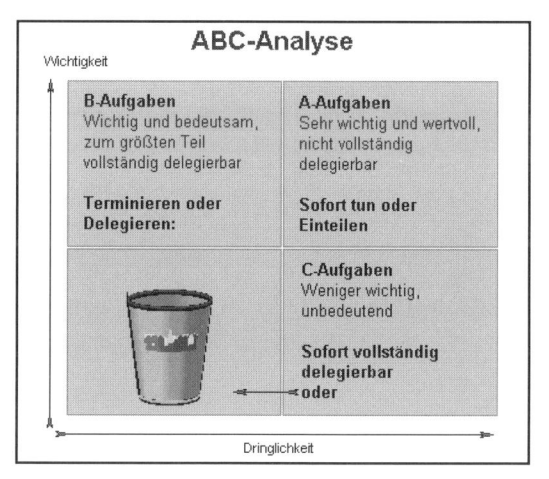

ABC-Analyse

Wichtigkeit

B-Aufgaben
Wichtig und bedeutsam, zum größten Teil vollständig delegierbar

Terminieren oder Delegieren:

A-Aufgaben
Sehr wichtig und wertvoll, nicht vollständig delegierbar

Sofort tun oder Einteilen

C-Aufgaben
Weniger wichtig, unbedeutend

Sofort vollständig delegierbar oder

Dringlichkeit

Schritt 4:
Falls Sie nicht genügend Zeit für Ihre A-Aufgaben verwenden, nehmen Sie entsprechende Korrekturen vor. Durch eine Ausrichtung Ihrer gesamten Tätigkeiten auf die wichtigen Aufgaben gewährleisten Sie automatisch, dass den unwichtigen, aber *zeitfressenden* Tätigkeiten nicht mehr so viel Zeit eingeräumt wird.

Schritt 5:
Überprüfen Sie nun die restlichen Aufgaben auf Delegationsmöglichkeiten, d.h. ob Sie diese Aufgabe weiterleiten oder extern vergeben können. Beachten Sie jedoch, dass es sich selbst bei C-Aufgaben nicht um grundsätzlich entbehrliche Tätigkeiten handelt. Vielmehr sind sie in der Wichtigkeit nicht sehr hoch einzuschätzen. Routine- und Kontrollarbeiten müssen aber trotzdem erledigt werden. Gerade als moderner Mitarbeiter oder Jungunternehmer muss Ihre Zeit frei für existenzielle Aufgaben bleiben.

▶ **Prioritäten**

Durch die Einordnung der Aufgaben nach Wichtigkeit und somit einer Vergabe von Prioritäten werden Arbeiten geplant erledigt, termingerecht ausgeführt, nach Dringlichkeit geprüft und wenn nötig delegiert.

Nichts ist wichtiger für einen guten Mitarbeiter oder Unternehmer, als das Einhalten von Terminen, damit Konflikte mit Partnern und Kunden vermieden werden. Zudem vermeiden Sie Stress bei sich und in Ihrer Umgebung. Sie können aktiv Ihren Arbeitstag gestalten. Der Kunde, die Mitarbeiter und Sie sind zufrieden.

Den PalmPilot richtig einsetzen

Schreiben Sie alles auf, was zu erledigen ist. Machen Sie die Schriftlichkeit zu Ihrem ersten Arbeitsprinzip. Sie entlasten damit Ihr Gedächtnis und konzentrieren sich so auf das Wesentliche. Zudem hat ein schriftlicher Plan den Zweck der Selbstmotivation und Kontrolle. Daher sollten Sie Ihren PalmPilot ständig bei sich tragen. Auf Grund seiner kleinen Abmessungen ist der elektronische Planer von 3Com immer zur Hand. Informationen, die Sie nicht in die vorgestellten Funktionen einfügen können, legen Sie einfach in Merkzetteln ab.

> **Personal Information Manager**
>
> Wer bereits mit einem professionellen PIM (Personal Information Manager) arbeitet, muss mit dem PalmPilot nicht darauf verzichten. Sie können Ihre aktuellen Daten auch mit Ihrem PIM, beispielsweise Microsoft Outlook und Lotus Notes, austauschen.

Gewöhnen Sie sich an, den nächsten Tag bereits am Ende des Vortags zu planen. Fixieren Sie Termine, Aufgaben, Ziele in Ihrem PalmPilot und benutzen Sie ausschließlich dieses Gerät für Ihr Zeitmanagement. Ansonsten entstehen wieder unnötige Abstimmungsarbeiten, zumal der Export der Information leicht zu bewerkstelligen ist.

```
6. Dez 99   ◀ M D M D F S S ▶
  8:00
  9:00 Meeting Jahresplaninhalt 2000
 10:00
 11:00 Pufferzeit
 12:00
 13:00 Geschäftsessen Dr. Müller
 14:00
 15:00 Strategie-Sitzung Region Süd
 16:00
 17:00
 18:00
 · ▦ (Neu) (Details) (Gehe zu)
```

Ein realistischer Tagesplan sollte grundsätzlich nur das enthalten, was Sie an diesem Tage auch erledigen wollen. Je mehr Sie die gesetzten Ziele für erreichbar halten, umso intensiver arbeiten Sie auch daran. Daher weisen Sie nur eine begrenzte Anzahl von Terminen und Aufgaben einem Arbeitstag zu.

Die ALPEN-Methode

Die nachfolgende Methode ist einfach und erfordert nach etwas Übung nicht mehr als 5 Minuten täglich Planungszeit mit Ihrem PalmPilot. Sie ist leicht zu merken und hilft Ihnen, jeden Tag zu planen. Die Alpen-Methode umfasst fünf Schritte:

1 **A**ktivitäten auflisten (Telefonate, Besuche, Aufgaben, Unerledigtes)

Tragen Sie wirklich jedes geplante Ereignis und jede notwendige Aufgabe in den PalmPilot ein. Nur so kann eine perfekte Zeitplanung funktionieren. Vergessen Sie wichtige Termine oder Aufgaben, dann können Sie sich die Arbeit mit dem PalmPilot auch sparen.

Wie gestalte ich meine eigene Zeitplanung?

2 **L**änge jedes Ereignisses festlegen

Bereits bei der Neueingabe von Terminen und Aufgaben berücksichtigen Sie die zeitliche Komponente. Geben Sie das Fälligkeitsdatum bei allen Aufgaben ein und berücksichtigen Sie stets die Anfangs- und Endzeit bei Terminen. Ein nachträgliches Eintragen der Zeiten führt immer zu Fehlern. Zudem sollten Sie auch nicht zu großzügig mit Ihrer Zeit umgehen. Daher sollten Sie beispielsweise bei normalen Terminen niemals eine Stunde überschreiten. Die Ausnahme bestätigt natürlich die Regel.

3 **P**ufferzeit für Unvorhersehbares einbauen

Planen Sie Ihre Termine nicht zu eng. Berücksichtigen Sie das Unvorhersehbare. Daher sollten Sie pro Tag nicht mehr als drei bis vier Termine einplanen.

4 **E**ntscheidungen treffen (Prioritäten, Delegation)

Arbeiten Sie bei Ihrer Zeitplanung konsequent mit der ABC-Analyse. Konzentrieren Sie sich auf die wichtigen Aufgaben.

5 **N**achkontrolle und Übertragen des Unerledigten

Eine optimale Planung Ihrer Ressourcen ist ein permanenter Vorgang. Nur wer ständig mit seinen Aufgaben, Terminen und Zielen auf dem Laufenden ist, behält den Überblick.

Mit diesen fünf Schritten können Sie bereits Ihren gesamten Arbeitsablauf planen und steuern.

> ▶ **Zusatzsoftware**
>
> Es gibt auf dem Markt mittlerweile eine Unmenge von speziellen Software-Produkten, die Ihren PalmPilot in einen perfekten Zeitplaner verwandeln. Zwar können Sie mit den vorliegenden Programmen in der Standard-Ausführung problemlos Ihre Zeitplanung in den Griff bekommen, doch es gibt auch sehr leistungsfähige Programmpakete, die beispielsweise eine professionelle Projektplanung umfassen.

Kapitel 9

Die Zeitfresser

Neben der reinen Arbeit gibt es bei jedem eine Vielzahl von Zeitfressern, die nur Ihre Zeit kosten und keinerlei Nutzen haben. Überprüfen Sie anhand Ihrer Liste, wo bei Ihnen die Zeitfresser sitzen, die Liste kann natürlich von Ihnen noch weitergeführt werden:

1. Private Unterhaltungen
2. Unterschwellige Konflikte
3. Ständig andere Prioritäten
4. Schlechtes Ablagesystem
5. Mangelnde Koordination
6. Hast, Eile und Ungeduld
7. Mangelnde Delegationsbereitschaft
8. Ablenkungen, Lärm, Musik
9. Spontaner Besuch
10. Zu viele Informationen
11. Verspätete Informationen
12. Telefonische Unterbrechungen
13. Fehlende Selbstdisziplin
14. Keine Pufferzeiten
15. Nicht "nein" sagen zu können

Alle aufgeführten Punkte können Sie in fünf Rubriken einordnen: mangelnde Zeitplanung und Arbeitsmethodik, schlechter persönlicher Arbeitsstil, Störungen durch andere, persönliche Schwachstellen und betriebliche Zusammenhänge.

Wie gestalte ich meine eigene Zeitplanung?

▶ Zeitfresser

Wenn Sie es schaffen, einen Teil der Zeitfresser zu beseitigen, so wird es bei Ihnen zu einer deutlichen Leistungssteigerung kommen. Da es jedoch keinen gibt, der Ihre persönlichen Arbeitsprobleme besser kennt als Sie, sollten Sie vorab eine stichwortartige Analyse und Problemlösung vornehmen. Notieren Sie Ihre wichtigen Zeitfresser und deren mögliche Ursache. Kennen Sie deren Ursache, so ist der Weg zur Lösung nicht weit. Werfen Sie einen Blick in die Aufgabenliste in Ihrem PalmPilot. Einige Zeitfresser finden Sie sicherlich auch hier.

Pufferzeiten

Legen Sie bei Ihrer Tagesplanung genügend Pufferzeiten fest, die Sie für spontane, unvorhersehbare und soziale Aktivitäten frei halten sollten. Wenn Sie sich als Arbeitender in einem wirtschaftlichen und sozialen Umfeld bewegen, werden Sie die Zeit einfach nicht reduzieren können. Für ein Telefonat mit Ihrem Kunden oder für eine spontane Aussprache mit einem Ihrer Mitarbeiter muss einfacher immer Zeit da sein. Alle anderen Annahmen sind unrealistisch. Durch genügend Raum bei der Terminplanung sparen Sie Nerven, Ärger und verlorene Zeit.

▶ Pufferzeiten einplanen

Der einfachste Weg, um Pufferzeit tatsächlich auch einzuplanen, ist, diese konkret in Ihrer Zeitplanung (Kalender) zu berücksichtigen. Tragen Sie konkret Pufferzeiten in Ihren Kalender ein. Fügen Sie beispielsweise nach jedem Meeting eine Pufferzeit von 30 Minuten ein. Erst nach diesem Puffer können Sie einen neuen Termin einfügen.

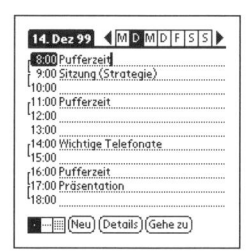

Die Stille Stunde

Oft wird die eigentliche Arbeit erst nach dem offiziellen Dienstschluss gemacht, weil Sie während des Tages durch ständige Störungen nicht dazu gekommen sind. Wer allerdings Termine mit anderen Personen wahrnimmt, wird meist in dieser Zeit auch nicht gestört.

Auf diesem Prinzip basiert die »Stille Stunde«. Machen Sie jeden Tag einen wichtigen Termin mit sich selbst. Konzentrieren Sie sich in dieser Zeit auf wichtige A-Aufgaben (siehe ABC-Analyse). Schirmen Sie sich von Störungen ab. Telefonate, Konferenzen und Besucher werden auf einen späteren Termin verlegt. Lassen Sie sich einfach eine Stunde von niemandem stören. Sagen Sie es Ihrem Sekretariat oder schalten Sie Ihren Anrufbeantworter ein. Niemand muss ständig erreichbar sein.

> ▶ **Stille Stunde eintragen**
>
> Tragen Sie Ihre stille Stunde als normalen, täglich wiederkehrenden Termin ein. Diesen sollten Sie nur bei äußerst wichtigen Anlässen verschieben!

Die eigene Leistungskurve

Jeder Mensch ist während eines Tages ständigen biorhythmischen Schwankungen unterworfen. Auch wenn jeder Körper verschieden ist, kann man davon ausgehen, dass bei einem Großteil der Menschen das Leistungshoch am Vormittag erreicht wird. Legen Sie also die wichtigsten Tätigkeiten (A-Aufgaben aus der ABC-Analyse) oder Termine in diesen Zeitraum.

> ▶ **Die eigene Leistungskurve**
>
> Versuchen Sie, für sich eine Leistungskurve für den Tag zu erstellen. Schnell werden Sie feststellen, wann Ihre Tiefs und Hochs sind. Zur Orientierung tragen Sie einfach die Spitzen Ihrer Leistungskurve in den PalmPilot ein.

Bekanntlich gibt es nach dem Essen einen Leistungseinbruch. Hier sind Sie eigentlich nur in der Lage, einfache Routine-Tätigkeiten zu erledigen. Am Nachmittag erfolgt dann nochmals ein Anstieg Ihrer Leistungsfähigkeit. Nutzen Sie diese Phase für wichtigere Aufgaben (B-Aufgaben).

Nutzen Sie also die natürlichen Gesetzmäßigkeiten Ihres Körpers für einen sinnvollen Tagesablauf. Nichts ist uneffektiver, als wenn Sie versuchen, Ihre wichtigsten Arbeiten während eines Leistungstiefs zu erledigen. Umgekehrt können Sie in einer Hochphase einen enormen Einsatz und Erfolg verzeichnen.

Übertragen Sie die ermittelten Werte einfach in Ihren PalmPilot. So haben Sie eine Orientierungshilfe bei der Verteilung Ihrer Aufgaben an Ihrem Arbeitstag.

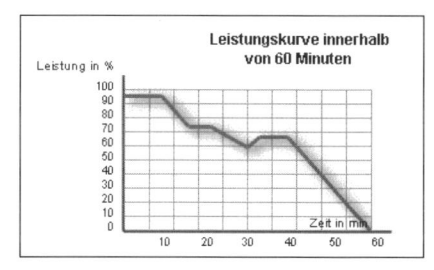

Wie gestalte ich meine eigene Zeitplanung?

Leistungskurve innerhalb von 60 Minuten

Das Unerledigte

Es wird Ihnen immer wieder passieren, dass manche Arbeiten nicht planmäßig erledigt worden sind. Verschaffen Sie sich am Ende eines jeden Tages einen Überblick über die nicht erledigten Aufgaben. Übertragen Sie die einzelnen Tätigkeiten auf den nächsten Tag mit einem festen Termin. Dinge, die nicht festgeschrieben werden, gehen sonst unweigerlich verloren. Zudem hat das Übertragen eine wesentliche Funktion. Bei mehrmaligem Verschieben einer Aufgabe wollen Sie die Sache endlich vom Tisch haben und Sie erledigen die Aufgabe als Erstes.

Daher sollten Sie sich jeden Abend einige Minuten nehmen und einen Blick auf die Einträge des PalmPilot werfen. Machen Sie hier schon die Planung für den nächsten Tag.

Störungen

Leider gehören Ablenkungen und Störungen zu unserem normalen Arbeitsalltag. Doch jede Störung kostet viel Zeit und Geld. Machen Sie sich einmal bewusst, wie oft Sie bei einer bestimmten Tätigkeit gestört worden sind. Ob es sich nun um einen unangemeldeten Besuch, ein Telefonat oder eine selbstverschuldete Unterbrechung handelt, immer wird dadurch das Fertigstellen einer Arbeit verzögert. Ihnen geht Zeit für weitere Aufgaben verloren.

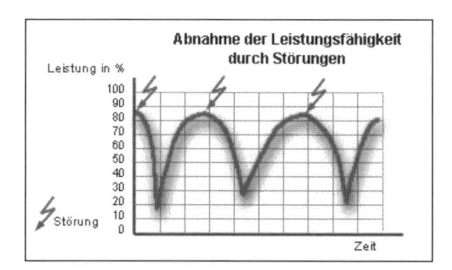

Abnahme der Leistungsfähigkeit durch Störungen

Grundsätzlich gibt es einige Regeln, die schon im voraus lästige Störungen reduzieren helfen. Wenn Sie diese Regeln beherzigen, können Sie mit Sicherheit Ihre Arbeiten schneller beenden:

1 Akzeptieren Sie keinen Besucher ohne Voranmeldung. Geben Sie Ihren Mitarbeitern die Anweisung, bei unangemeldeten Besuchen immer einen Termin zu vereinbaren. Sie treffen sich nur mit Leuten, deren Termine sich auch in Ihrem PalmPilot befinden.

Kapitel 9

2 Kommt es trotzdem zu einer Störung, so machen Sie der Person klar, dass Sie nur wenige Augenblicke für sie haben. Nutzen Sie hierfür Ihre Pufferzeiten.

3 Oft werden Sie auch ungebeten durch Mitarbeiter gestört. Pochen Sie darauf, dass allgemeine Fragen gebündelt in einer Sitzung besprochen werden. Lassen Sie sich keine von Ihnen delegierten Aufgaben zurückgeben. Verlangen Sie immer, dass der Mitarbeiter zunächst versucht, das Problem selbst zu lösen.

4 Lernen Sie, auch mal »nein« zu sagen. Machen Sie dem Störer klar, dass Sie im Augenblick keine Zeit für ihn haben oder Sie nicht in der Lage sind, diese Aufgabe sofort zu lösen. Vereinbaren Sie einen Termin.

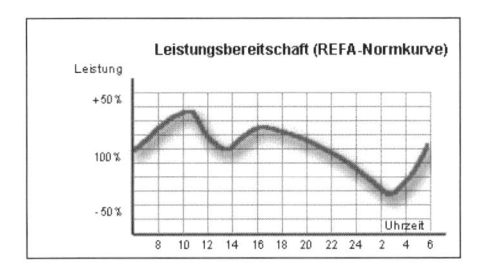

Deutlich ist zu erkennen, dass Sie durch permanente Störungen eigentlich zu einer hohen Leistungsfähigkeit kaum in der Lage sind. Nach jeder Störung müssen Sie immer wieder durch eine längere Anlaufzeit zu der nötigen Ruhe kommen.

Der perfekte Tagesablauf

Neben einer Vielzahl von Techniken und Methoden muss natürlich auch die Bereitschaft bei Ihnen vorhanden sein, entsprechend konsequent alle Optimierungen bei Ihrem Tagesablauf auch über einen längeren Zeitraum beizubehalten. Selbstdisziplin und konsequentes Verhalten sind daher eher der schwierigere Teil bei einem funktionierenden Zeitmanagement. Der PalmPilot muss zum permanenten Begleiter werden. Verlassen Sie nicht ohne ihn das Haus. Zuerst muss also die Einstellung da sein, Ihre Zeitplanung in den Griff zu bekommen.

Nehmen Sie die nun folgenden Regeln als einen ersten Schritt in die richtige Richtung:

1 Beginnen Sie den Tag mit einem gesunden Frühstück und guter Laune. Meist entscheidet sich der Tag bereits in den ersten Stunden. Vergessen Sie Ihren PalmPilot nicht.

Wie gestalte ich meine eigene Zeitplanung?

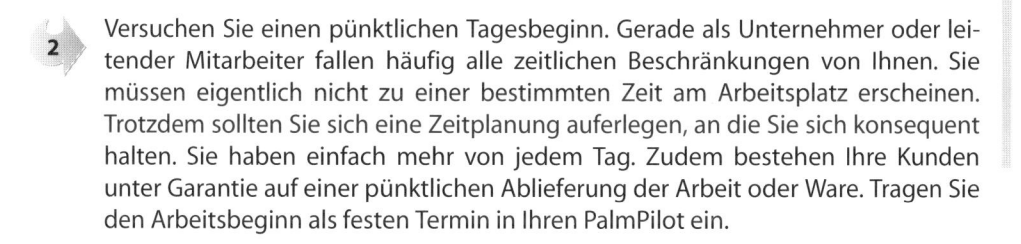

2 Versuchen Sie einen pünktlichen Tagesbeginn. Gerade als Unternehmer oder leitender Mitarbeiter fallen häufig alle zeitlichen Beschränkungen von Ihnen. Sie müssen eigentlich nicht zu einer bestimmten Zeit am Arbeitsplatz erscheinen. Trotzdem sollten Sie sich eine Zeitplanung auferlegen, an die Sie sich konsequent halten. Sie haben einfach mehr von jedem Tag. Zudem bestehen Ihre Kunden unter Garantie auf einer pünktlichen Ablieferung der Arbeit oder Ware. Tragen Sie den Arbeitsbeginn als festen Termin in Ihren PalmPilot ein.

3 Stimmen Sie jeden Morgen Ihren Zeitplan ab und machen Sie sich zur Gewohnheit, bei Arbeitsbeginn zum PalmPilot zu greifen. Kommen Sie gleich zu Beginn des Tages in Zeitverzug, so werden Sie den ganzen Tag Ihrer Zeit nachlaufen.

4 Beginnen Sie am Morgen mit zwei bis drei einfachen Tätigkeiten. So verschaffen Sie sich bereits in der ersten Stunde positive Eindrücke. Werfen Sie einen Blick in Ihre Aufgabenliste. Erledigen Sie einen Anruf oder legen Sie eine Akte ab. Sie werden sehen, es funktioniert. Danach sollten Sie sich sofort an die wichtigsten Aufgaben des Tages wagen (A-Aufgaben). Sie haben jetzt die Energie und die positive Einstellung, auch schwierige Aufgaben zu lösen.

5 Machen Sie regelmäßig Pausen zur Entspannung. Kleine schöpferische Stopps machen Sie auch über einen langen Arbeitstag hinweg leistungsfähig. Auch feste Pausen gehören in die Tagesplanung.

Was hat der Tag gebracht?

Nehmen Sie sich jeden Abend ein wenig Zeit, um über den vergangenen Tag ein Fazit zu ziehen. Überlegen Sie, was Ihnen gelungen und was weniger erfolgreich gelaufen ist. Folgende Fragen können Ihnen bei der Bewertung des Tages helfen:

1 Habe ich heute Kompromisse gemacht?

Haben Sie Fehler gemacht oder sind Sie Kompromisse eingegangen. Machen Sie sich zu dieser Frage einige Stichpunkte. Idealerweise legen Sie sich einen Merkzettel an. So können Sie sich jederzeit Ihre Fehler vor Augen führen.

2 Welche Aufgaben konnte ich heute erledigen?

Blenden Sie in Ihrem PalmPilot die erledigten Arbeiten nicht aus. So können Sie jederzeit einen Blick darauf werfen, was Sie heute schon geleistet haben. Diese Vorgehensweise eignet sich gut für die eigene Motivation.

3 Welche Arbeiten sind liegen geblieben?

Versehen Sie alle Arbeiten, die Sie heute nicht erledigt haben, mit einem neuen Termin. Nur so bleiben die noch zu bearbeitenden Arbeiten in Ihrer Erinnerung.

4 Bin ich meinen Zielen näher gekommen?

Haben Sie sich in erster Linie um die Arbeiten gekümmert, die die höchste Priorität haben? Zur Überprüfung werfen Sie einfach einen Blick auf Ihren PalmPilot und die als erledigt markierten Aufgaben. Sind viele Tätigkeiten mit einer niedrigen Priorität dabei, haben Sie wahrscheinlich Ihr Tagesziel nicht erreicht.

5 Habe ich mich an Details geklammert?

Auch diese Frage zielt auf die Art der erledigten Arbeiten.

Die Fünf-Finger-Regel

Eine sehr einfache, aber wirkungsvolle *Eselsbrücke* bei der täglichen Leistungskontrolle stellt die *Fünf-Finger-Regel* dar. Jeder Finger steht dabei für einen ganz bestimmten Bereich Ihrer Arbeit.

1 Daumen

Ihre Denkergebnisse; was haben Sie heute dazugelernt?

2 Zeigefinger

Ihre Zielerreichung; welchem Ziel bin ich heute ein Stück näher gekommen?

3 Mittelfinger

Ihre Mentalität; wie haben Sie sich heute gefühlt?

4 Ringfinger

Ihr Ratgeber; wem haben Sie heute geholfen?

5 Kleiner Finger

Ihr Körper; was haben Sie heute für Ihren Körper getan?

Wie gestalte ich meine eigene Zeitplanung?

Den Arbeitsplatz im Griff

Ganz entscheidend für die Effektivität Ihrer täglichen Arbeit ist die Organisation des Arbeitsplatzes. Stapel von Unterlagen schrecken nicht nur Ihre Mitarbeiter, sondern auch Sie selbst ab. Auch das schnelle Finden von Utensilien und Unterlagen ist ein Garant für das rasche Erledigen von wichtigen Aufgaben. Zwar existiert kein direkter Zusammenhang zwischen dem PalmPilot und der Organisation auf Ihrem Schreibtisch, doch Ihr Arbeitsplatz gehört einfach zur eigenen Arbeits- und Zeitplanung.

Die nachfolgenden Fragen helfen Ihnen, die organisatorische Situation auf Ihrem Schreibtisch einzuschätzen:

1 Brauchen Sie längere Zeit, um Ihren Schreibtisch aufzuräumen?

Lassen Sie nur die wichtigen Dinge auf Ihrem Schreibtisch liegen. Hierzu gehören u.a. die Unterlagen, die Sie für die aktuelle Aufgabe benötigen. Natürlich gehört auch der PalmPilot auf den Schreibtisch.

2 Finden Sie bei unvorhergesehenen Anrufen nicht immer die richtigen Unterlagen?

Hier kann der PalmPilot weiterhelfen. Fügen Sie einzelnen Aufgaben und Terminen eine Notiz hinzu. Notieren Sie die wichtigen Informationen (z.B. wichtige Eckdaten, Bezeichnung der Akte etc.). So richten Sie sich eine einfache, aber effektive Arbeitsplatz-Verwaltung ein.

3 Haben Sie Schwierigkeiten, sich rasch eine Notiz aufzuschreiben?

Greifen Sie doch einfach zum PalmPilot. Unter *Merkzettel* rufen Sie schnell ein neues Memo auf. Mit etwas Übung können Sie in kürzester Zeit die wesentlichen Inhalte eines Gesprächs notieren. Machen Sie sich einige Stichpunkte, was Sie während eines Gesprächs klären wollen.

4 Suchen Sie manchmal Akten oder Notizen?

Mit Hilfe des PalmPilot können Sie eine ganze Reihe von Notizen, Informationen und Daten verwalten. Über die Volltextsuche finden Sie schnell die gewünschten Daten.

> ▶ Antworten
>
> Müssen Sie diese Fragen mit »Ja« beantworten, so sollten Sie doch etwas an Ihrer Arbeitsorganisation ändern.

Wie bringen Sie nun Ordnung auf Ihren Schreibtisch? Zunächst sorgen Sie für Ordnung an Ihrem Arbeitsplatz. Verbannen Sie Bildschirm, Telefon oder Pflanzen aus Ihrem direkten Arbeitsbereich und platzieren Sie diese Gegenstände auf einem Beistellplatz. Räumen Sie Ihrem PalmPilot einen zentralen Platz auf Ihrem Schreibtisch ein.

Dabei achten Sie darauf, dass Sie als Rechtshänder das Telefon und die Lichtquelle links von sich haben, um bei einem Telefonat die rechte Hand zum Schreiben frei zu haben und damit das Licht keine Schatten beim Schreiben wirft. Für Linkshänder gilt natürlich die umgekehrte Anordnung.

> ### Ergonomisches Arbeiten
>
> Platzieren Sie den Schreibtisch direkt vor einem Fenster. Natürliches Licht bietet die besten Bedingungen beim Arbeiten. Legen Sie auch wert auf einen vernünftigen Stuhl. Fünf Rollen, kippbare Rückenlehne und verstellbar in der Höhe sind Eigenschaften für ermüdungsfreies Arbeiten mit dem PalmPilot. Zudem sollten Sie auf die richtige Beleuchtung achten. Im ungünstigsten Fall spiegelt sich das Tageslicht oder das Licht einer Lampe direkt im Display des PalmPilot.

Wie gestalte ich meine eigene Zeitplanung?

Viele Arbeitsgänge sind notwendig, werden aber oft durch mangelnde Planung und Organisation zu absoluten Zeitfressern. Für fast jede Arbeit gibt es Ansatzpunkte, um sie zu optimieren. Gerade bei Unternehmern und leitenden Angestellten fallen oft vielfältige Tätigkeiten zusammen, die bei schlechter Planung zu einem enormen Arbeitsaufkommen und sehr wenig Freizeit führen. Hier ist der PalmPilot ein ideales Werkzeug, die eigene Organisation in den Griff zu bekommen.

Die Kommunikation verbessern

Das A und O für eine funktionierende Zusammenarbeit mit Mitarbeitern, Kunden und externen Dienstleistern ist eine optimale Kommunikation. Dies gilt natürlich auch für den privaten Bereich. Oft werden durch Missverständnisse falsche Inhalte transportiert, die zu unnötigen Störungen führen. Doch was kann man als Einzelner zu dieser Situation beitragen? Der einzige Weg kann nur lauten, man optimiert seine eigene Kommunikation. Als Unternehmer kommt es auf Ihre Fähigkeiten an, Mitarbeiter zu motivieren und Tätigkeiten zu delegieren. Gibt es hier Probleme, können Sie keine vernünftigen Ergebnisse erwarten. Zudem verlieren Sie viel Zeit für die Beseitigung von Missverständnissen und der Bereinigung der Situation. Die folgenden Regeln helfen Ihnen, Ihre Kommunikation zu optimieren, dabei spielt auch Ihr PalmPilot eine wichtige Rolle:

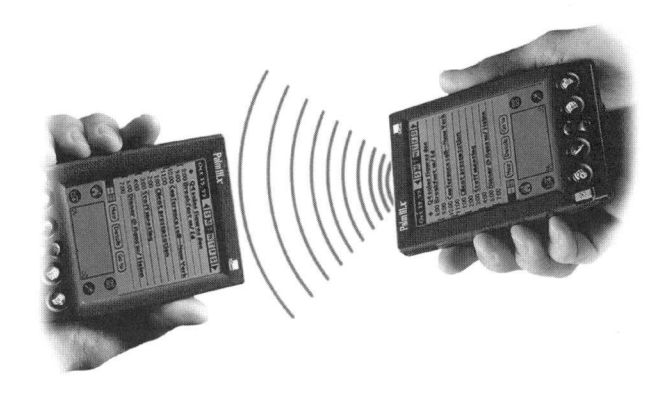

1 Bekommen Sie in einem Gespräch viele wichtige Informationen, so notieren Sie alle wichtigen Details in Ihrem elektronischen Begleiter.

2 Bereiten Sie sich auf ein wichtiges Gespräch gründlich vor. Sorgen Sie dafür, dass alle relevanten Informationen in Ihrem PalmPilot enthalten sind. Haben Sie einmal ein Detail vergessen, werfen Sie einfach einen Blick auf das Display.

3 Haben Sie etwas nicht verstanden, so fragen Sie nach. Legen Sie sich digitale Checklisten für die unterschiedlichsten Anlässe und Themen zurecht.

4 Kommen Sie sofort zum eigentlichen Thema. Bei schwierigen Themen, verwenden Sie Zeit für Erläuterungen. Wichtige Informationen legen Sie als Merkzettel ab, um bei Bedarf darauf zurückzugreifen.

5 Nutzen Sie die Vorteile der elektronischen Kommunikation: E-Mail und Palm.

Den PalmPilot in einer Sitzung nutzen

Wir befinden uns eindeutig im Zeitalter der Sitzungen, Konferenzen und Besprechungen. Ganze Unternehmen werden durch ständige gemeinsame Termine gelähmt. Trotzdem sind diese gemeinsamen Zusammenkünfte lebensnotwendig für eine optimale Zusammenarbeit. Sie erlauben die unmittelbare Kommunikation und gestatten den persönlichen Kontakt. Durch diese direkte Kommunikation werden Missverständnisse vermieden und wichtige Entscheidungen getroffen.

Doch oftmals sind diese Besprechungen und Sitzungen nicht so effektiv, wie sie es eigentlich sein sollten. Oft geht die Hälfte der Zeit durch private Gespräche, persönliche Konflikte, verspäteten Beginn und durch Fehlen einer detaillierten Tagesordnung verloren. Zudem entstehen enorme Kosten, wenn mehrere Mitarbeiter in eine Sitzung gehen.

Legen Sie folgende Regeln für jede Sitzung fest:

1 Entspricht der Zeitaufwand der Besprechung wenigstens dem möglichen Gewinn, der durch eine Entscheidung in dieser Sitzung erzielt wird?

2 Gibt es Alternativen für diese Besprechung? Tauschen Sie doch einfach die wesentlichen Informationen via PalmPilot oder E-Mail aus.

3 Ist das Ziel der Sitzung klar definiert? Notieren Sie sich die wesentlichen Punkte der Sitzung in Ihrem PalmPilot. Arbeiten Sie innerhalb der Sitzung jeden notierten Punkt ab.

Also kann schon im Vorfeld einer Besprechung die Effektivität gelenkt werden. Der wirklich erste Schritt ist das Prüfen, ob diese Sitzung überhaupt nötig ist. Oft wird eine Sitzung aus Gewohnheit einberufen und nicht aus dringendem Entscheidungsdruck heraus. Oft genügt auch eine informative Aktennotiz, eine elektronische Nachricht an alle Beteiligten, die dann entsprechend Ihren Kommentar abgeben können. In vielen Unternehmen werden bereits Zeitplanungssysteme eingesetzt. Die entsprechenden Termine lassen sich mühelos mit dem PalmPilot abgleichen.

Die Tagesordnung

Ohne eine Tagesordnung kann kaum ein vernünftiger Ablauf einer Sitzung gewährleistet werden. Die Teilnehmer kommen unvorbereitet in die Besprechung und können nur

Wie gestalte ich meine eigene Zeitplanung?

bedingt konstruktiv daran teilnehmen. Als Mitarbeiter oder Chef haben Sie durch das Fehlen der Tagesordnung auch Mühe, das Zusammenkommen in gelenkte Bahnen zu führen. Möglicherweise haben ja mehrere Mitarbeiter einen PalmPilot. Dann können Sie bereits im Vorfeld die Tagesordnung in digitaler Form verteilen.

Dabei muss eine Tagesordnung keine umfangreiche Sache sein. Stichpunktartig werden alle zu behandelnden Themen aufgezählt. Dabei ist die Reihenfolge ausschlaggebend. Legen Sie die Zeit für jeden Punkt fest. Als Sitzungsleiter achten Sie dabei auf die peinlich genaue Einhaltung der Tagesordnung und der für jeden Punkt angesetzten Zeit.

Mit dem PalmPilot besser telefonieren

Jeder von uns verbringt viel Zeit mit Telefonaten. Man ist heute durch neue Technologien zu jedem Zeitpunkt erreichbar. Dies hat natürlich auch seine Kehrseiten. Sie haben kaum noch Ihr Privatleben und können zu jedem Zeitpunkt gestört werden.

Gerade Manager und Unternehmen verbringen eine Vielzahl von Stunden am Telefon. Dabei sind viele Telefonate unnötig oder sie werden nicht optimal geführt. Wissen Sie eigentlich, wieviele Telefonate Sie täglich führen? Anhand einer kleinen Liste sollten Sie einfach für einige Tage Ihre Anrufe protokollieren. So bekommen Sie sehr schnell einen Überblick über die verwendete Zeit.

Machen Sie sich einige Gedanken zu Ihren Telefon-Gewohnheiten. Hierbei sind für Sie zwei Aspekte wichtig:

1. Wann bin ich erreichbar und werde nicht bei wichtigen Arbeiten gestört?

2. Zu welcher Zeit kann ich wichtige Partner erreichen?

Zu den üblichen Geschäftszeiten sind Ihre Partner mit einer hohen Wahrscheinlichkeit zu erreichen, aber auch Anrufe für Sie werden zu diesen Zeiten am häufigsten eintreffen. Dabei kann man von folgenden Zeiten ausgehen:

3. 9.00 Uhr–12.00 Uhr und 15.00–17.00 Uhr

Das sind natürlich auch die Zeiten, in denen Sie am effektivsten arbeiten. Also wie gehen Sie vor? Handelt es sich bei Ihrer Tätigkeit um eine Aufgabe, die sehr vom direkten Kontakt lebt, werden Sie wohl die anderen Arbeiten außerhalb dieses genannten Zeitraums legen müssen. Tragen Sie sich diesen Zeitraum als feste Größe in Ihren Terminplan ein.

Wollen Sie trotzdem ungestört bleiben und arbeiten Sie allein, so müssen Sie Ihren Anrufbeantworter als Auffangbecken für ankommende Anrufe benutzen. Sprechen Sie einen sachlichen und freundlichen Text auf das Band und halten Sie alle Versprechungen ein. Also rufen Sie bei Bedarf immer zurück. Greifen Sie zunehmend auf das Medium E-Mail zurück. Idealerweise können Sie Ihre Mails per PalmPilot vorabschreiben, erstellen und bei passender Ausstattung auch versenden.

Kapitel 9

Zeit beim Telefonieren sparen

Jeder Anruf ist eine Unterbrechung bei der täglichen Arbeit. Sie bereiten sich vor, telefonieren eine bestimmte Zeit und bereiten das Gesprächsergebnis nach. Bei häufigen Anrufen sind Sie kaum in der Lage, einen längeren Zeitraum hinweg intensiv an einer Aufgabe zu arbeiten. Doch wie können Sie das Telefonieren effektiver gestalten? Die Lösung besteht im Zusammenlegen von mehreren Telefonaten. Reservieren Sie sich eine bestimmte Zeitspanne, in der Sie Ihre Anrufe führen. Legen Sie einen festen Zeitraum fest, in dem Sie Ihre Telefonate erledigen. Sie werden sehen, in kürzester Zeit werden Ihre Gespräche kürzer, Sie kommen schneller zur Sache und konzentrieren sich ausschließlich auf das jeweilige Telefonat.

Die richtige Vorbereitung

Nicht nur die Planung der zu führenden Gespräche ist wichtig, sondern auch die Vorbereitung auf jedes Gespräch ist von enormer Bedeutung. Sicherlich haben Sie die folgenden Sätze bereits am Telefon gehört oder sogar selbst ausgesprochen:

1. Ich finde gerade die Unterlagen nicht.

2. Ein Moment bitte, ich hole die Akte.

3. Warten Sie bitte, ich hole mir etwas zum Schreiben.

4. Das kann ich Ihnen ohne Unterlagen nicht sagen.

Diese Aussagen lassen sich durch gute Planung vermeiden. Jedes wichtige Gespräch stellt meist höhere Anforderungen, als man vorher annimmt. Immer ergeben sich unerwartete Aspekte, spontane Fragen, Einwände oder Widerstände. Je gründlicher Sie sich mit dem anstehenden Gespräch beschäftigen, desto sicherer treten Sie auf und werden mit unvorhersehbaren Wendungen fertig.

Richten Sie für jedes wichtige Gespräch einen eigenen Merkzettel ein. Füllen Sie wirklich alle Punkte aus, möglichst schon während des Gesprächs, da Sie bereits nach wenigen Minuten bestimmt die ersten Details vergessen haben. Halten Sie alle wichtigen Unterlagen zu dem Gespräch griffbereit:

```
Merkz. 13 v. 13   ▼ Nicht abgelegt
Gesprächsnotiz
Name/Firma
Rufnummer
Fax-Nummer
Datum
Vorgang/Stichwort
Anlass des Anrufes
Aktivität
Nächster Termin

(Fertig) (Details)
```

Wie gestalte ich meine eigene Zeitplanung?

Die letzten Tipps:

1. Wenn Sie mehrere Tage nicht zu erreichen sind, so beauftragen Sie einen Auftragsdienst. Dies ist für den Anrufer einfach netter.

2. Beim Kauf eines Anrufbeantworters achten Sie auf die Möglichkeit des Fernabrufs. So können Sie auch außerhalb Ihres Arbeitsplatzes wichtige Informationen erhalten.

3. Wenn jemand zu einem ungünstigen Zeitpunkt anruft, scheuen Sie sich nicht, den Anrufer zu fragen, unter welcher Nummer und zu welchem Zeitpunkt Sie zurückrufen können. Notieren Sie diese Information sofort als Aufgabe in Ihrem PalmPilot.

4. Sorgen Sie dafür, dass Ihr PalmPilot immer in der Nähe Ihres Telefonapparats liegt.

5. Seien Sie freundlich und dynamisch am Telefon. Vermeiden Sie längere Pausen. Mit Ihrer Tonlage und Ihrer Sprechweise müssen Sie Ihr Gegenüber begeistern.

6. Viele Profis telefonieren im Stehen. Bewegen Sie sich und unterstützen Sie das Gespräch mit Gestik und Mimik. Diese Dynamik kommt auch am anderen Ende an. Allerdings wird es dann etwas schwieriger, mit dem PalmPilot zu arbeiten.

7. Vereinbaren Sie das nächste Gespräch und tragen Sie sich diesen Termin in Ihren elektronischen Terminkalender ein.

8. Setzen Sie Fragetechniken ein. Ein geschickter Einsatz von Fragen lässt ein lebendiges Gespräch entstehen. Mit Fragen können Sie Meinungen vermitteln, Ideen verkaufen, Einwände parieren und Informationen erhalten. Schreiben Sie doch einfach einige Standardfragen in einem Merkzettel auf.

Kapitel 9

Die bessere Korrespondenz

Ähnlich wie beim Telefonieren kann man durch einfache Regeln auch die tägliche Korrespondenz effektiver gestalten. Anhand der folgenden Schritte können Sie auch hier viel Zeit sparen:

1. Verteilen Sie Ihre Korrespondenz nicht über den gesamten Arbeitstag. Reservieren Sie sich einen bestimmten Zeitraum, wo Sie einen Brief nach dem anderen erledigen und Ihre E-Mails schreiben.

2. Bereiten Sie jeden Brief gesondert vor. Machen Sie sich zunächst Stichpunkte, die alle im eigentlichen Brief abgearbeitet werden müssen. Idealerweise kann diese Arbeit auch mittels PalmPilot unterwegs gemacht werden.

3. Bei vielen Konzepten und Briefen ist es sinnvoll, die Texte direkt in das System zu geben. Zumindest die ersten Stichpunkte und Formulierungen lassen sich via Stylus in den PalmPilot eingeben. Achten Sie bei der Eingabe auf die 4000-Zeichen-Grenze bei Merkzetteln und Notizen. Arbeiten Sie häufig mit größeren Datenmengen ist vielleicht die Anschaffung einer speziellen Software zum Arbeiten mit größeren Texten interessant. Ähnlich sieht es bei der Hardware aus. Einige Fremdanbieter bieten spezielle Ergänzungen an. So lässt sich beispielsweise über den Anschluss einer kleinen Tastatur die Eingabegeschwindigkeit deutlich erhöhen.

4. Auch wenn die Speicherkapazität des PalmPilot begrenzt ist, sollten Sie die wichtigsten Briefe und Konzepte für einen begrenzten Zeitraum auf dem PalmPilot belassen. Nach wenigen Tagen werden Sie sich nicht mehr an diesen Brief erinnern. Bei Rückfragen sind Sie im Bilde. Nutzen Sie regelmäßig den Abgleich der Daten auf Ihrem PC. Hier sollten Sie regelmäßige Backups vornehmen.

Durch diese einfachen Regeln können Sie entscheidend effektiver mit Ihrem regelmäßigen Briefverkehr umgehen. So bleibt Ihnen genügend Zeit für wichtigere Tätigkeiten.

Mit weniger Papier arbeiten

Unsere Gesellschaft wandelt sich immer stärker zu einer Informationsgesellschaft. Aber was heißt das für den Einzelnen? Durch immer neue Technologien ist man heute fast schon in der Lage, jede nur erdenkliche Information zu bekommen. Leider geschieht der Zustrom von Daten größtenteils noch in Papierform. Wir drohen tagtäglich in der Papierflut zu ersticken. Zudem gibt es nur wenige Instrumentarien, wie man schnell und effektiv die wichtigen von den unwichtigen Informationen trennt. Untersuchungen haben ergeben, dass über 80 Prozent der Papierflut völlig ungenutzt am jeweiligen Arbeitsplatz liegen. Der größte Teil der Unterlagen wandert in die Ablage und wird nie wieder angefasst, geschweige denn bearbeitet.

Wie gestalte ich meine eigene Zeitplanung?

Also müssen Sie einen Weg finden, sich in diesem Chaos zurechtzufinden. Das eigentliche Problem bei der Bewältigung der Informationen ist das mangelnde Entscheiden, was mit jedem Blatt, mit jeder Unterlagen sofort passieren soll. Wer kennt das Phänomen nicht. Sie bekommen die Post vom Tage, sortieren die Unterlagen und bilden einen Stapel von Dokumenten, die Sie später nochmals studieren wollen.

Doch hier genau liegt das eigentliche Problem. Warum lenken Sie nicht gleich beim ersten Kontakt die Information in die gewünschte Richtung? Dabei können Sie eigentlich nur zwischen vier Bereichen wählen:

1. Die Information wandert in die Ablage.

2. Die Information wird an Mitarbeiter weitergeleitet.

3. Die Information wandert in den Papierkorb (löschen!).

4. Die Information wird zu einem späteren Zeitpunkt bearbeitet.

So bekommen Sie schnell Ordnung in Ihre Papierflut und fassen jede Unterlage möglichst nur einmal an. Eine wesentliche Rolle kann in diesem Zusammenhang auch der PalmPilot haben. Versuchen Sie, Informationen in digitaler Form zu bekommen. Doch auch hier gelten die gleichen Bedingungen, wie für Informationen auf dem Papier. Fassen Sie jede E-Mail oder Nachricht nur einmal an. Legen Sie unwichtige Daten nicht einfach nur ab. Löschen Sie diese. Der Speicher wird es Ihnen danken.

Wie hilft mir der PalmPilot weiter?

Kapitel 10

Auf den folgenden Seiten finden Sie einige Möglichkeiten, wie Sie mit den bereits vorhandenen Programmen und zusätzlichen Applikationen die unterschiedlichsten Probleme lösen können. Dabei lassen sich mit dem PalmPilot sowohl Lösungen im privaten als auch im beruflichen Umfeld finden. Nützliche Werkzeuge erleichtern auch die Arbeit mit dem PalmPilot.

Die Kosten im Griff

Seit dem PalmPilot Professional finden Sie unter den Standardanwendungen auch ein Programm namens *Kosten*. Es bietet besonders für den beruflich tätigen Anwender eine einfache Form der Spesenabrechnung. Aber auch im privaten Alltag kann das kleine Programm nützliche Dienste erweisen. So können Sie sich beispielsweise ein einfaches Kassenbuch mit dem Programm *Kosten* einrichten.

Die eigentliche Eingabe der Daten ist denkbar einfach. In jeweils einer Zeile geben Sie das dazugehörige Datum, die Position und die entstandenen Kosten ein. Zudem lassen sich weitere Details, beispielsweise unterschiedliche Währungen und Zahlungsarten, abspeichern. Natürlich lassen sich alle Positionen maximal unterschiedlichen Kategorien zuordnen. Denkbar wären eine bestimmte Dienstreise oder eine Kostenstelle. Darüber hinaus können Sie jeder Position eine Notiz von maximal 4096 Zeichen zuordnen.

Bei der Eingabe der einzelnen Positionen geben Sie zunächst das Datum ein, also wann die betreffende Position verursacht wurde. Sowie Sie auf das Datumsfeld klicken, gelangen Sie direkt zu einem Datumsfeld. Es zeigt das gesamte Jahr. Wählen Sie den Monat und den Tag aus. Einen Klick auf die Taste *Heute* und Sie fügen das aktuelle Datum ein. Haben Sie sich für ein Datum entschieden, gelangen Sie automatisch wieder in die Standardansicht.

Nun folgt die Auswahl der Kostenart. Das Programm bietet hierzu bereits 28 verschiedene Positionen an (Abendessen, Benzin, Bus, Büromaterial, Fax, Flug, Frühstück, Gebühren, Geschenke, Hotel, Kilometerzahl, Limo, Mahlzeit, Mietwagen, Mittagessen, Parken,

Kapitel 10

Porto, Reinigung, Sonderausg., Sonstiges, Taxi, Telefon, Trinkgeld, U-Bahn, Unterhaltung, Unterkunft, Zug, Zwischenmalz). Eigene Positionen können Sie an dieser Stelle nicht eingeben. Bei eigenen Angaben müssen Sie sich mit dem Eintrag *Sonstiges* begnügen oder eine separate Notiz anlegen.

▶ Kilometerpauschale

Eine Besonderheit stellt die Position Kilometerzahl dar. Hier geben Sie nicht den Betrag ein, sondern Sie fügen die Anzahl der zurückgelegten Kilometer ein.

Fast alle Eingaben können Sie mit Hilfe von Popup-Menüs erreichen. Selbst bei der Wahl der Währung gibt Ihnen das Programm fünf Währungen vor, die Sie auch selbst bestimmen können. Insgesamt können Sie unter 25 unterschiedlichen Währungen wählen. Abschließend geben Sie noch den gewünschten Betrag ein.

Um noch weitere Informationen zu einer Position abzulegen, klicken Sie mit Ihrem Stylus auf die Taste *Details*. Sie müssen dazu die jeweilige Position markieren. Neben der Eingabe einer geeigneten Kategorie lässt sich auch die Kostenart bestimmen. Vorgegeben sind die Positionen American Express, Bar, Scheck, Kreditkarte, MasterCard, Vorschuss, VISA sowie Nicht abgelegt.

Ferner können Sie auch den Namen des Verkäufers sowie die Stadt, in der Sie die Kosten verursacht haben, eingeben. Bei der Option *Teilnehmer* gelangen Sie in ein Notizfeld, in dem Sie die teilnehmenden Personen an einem Geschäftsessen oder an einer Taxifahrt eintragen. Die oberste Zeile wird in der Eingabemaske eingeblendet. Sie können natürlich auch an dieser Stelle beliebige Informationen eintragen.

Wie hilft mir der PalmPilot weiter?

▶ **AutoText-Funktion**

Die Felder *Verkäufer* und *Stadt* verfügen über eine AutoText-Funktion. Bei der Eingabe erhalten Sie automatisch von dem Programm Vorschläge von bereits gemachten Einträgen. So genügt häufig nur der erste Buchstabe, um den gewünschten Eintrag zu erhalten. Diese Funktion, die man beispielsweise auch von Microsoft Office her kennt, ist leider nur unter *Kosten* verfügbar.

Eingegebene Daten weiterverarbeiten

Die Applikation *Kosten* stellt in erster Linie nur eine komfortable Eingaberoutine dar. Berechnungen können Sie auf Ihrem PalmPilot leider nicht durchführen. Dafür müssen Sie Ihre Daten erst auf einen PC übertragen und dort mit einer Tabellenkalkulation weiterverarbeiten. So können erst dort Summen gezogen oder die Währungen umgerechnet werden.

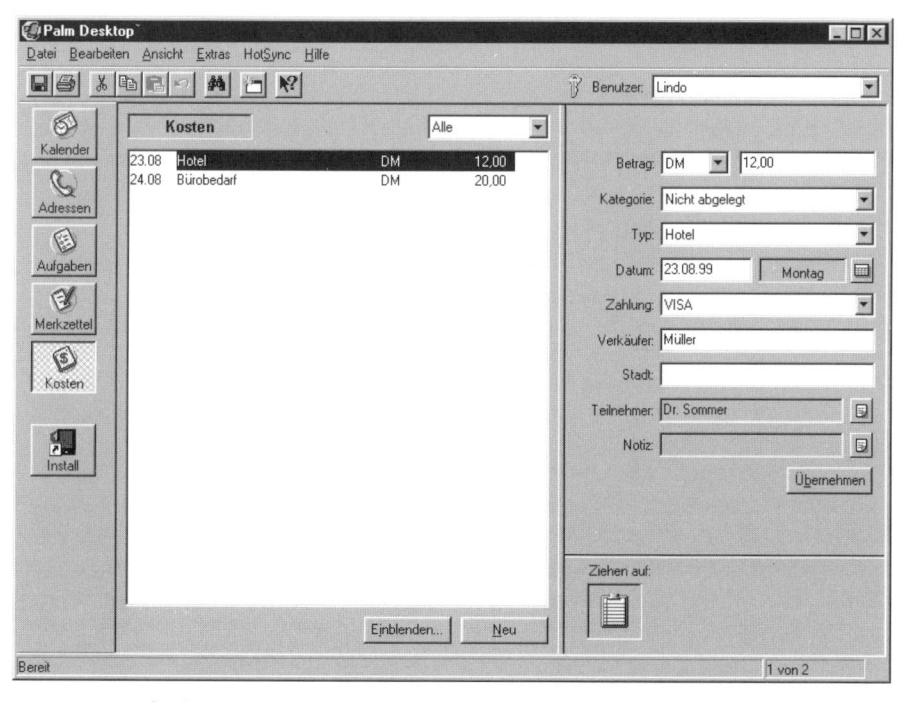

Interessanterweise funktioniert die Synchronisation der Daten auch nur in eine Richtung. Sie können bei Kosten ausschließlich die auf dem PalmPilot erfassten Daten an den PC senden. Der umgekehrte Weg funktioniert leider nicht. Auf dem PC arbeitet die Anwendung ausschließlich mit Microsoft Excel zusammen. Andere Tabellenkalkulationen werden nicht unterstützt.

Während des HotSync-Vorgangs werden mehrere Dateien auf Ihrem PC angelegt. In der Datei *expense.txt* werden alle eingegebenen Daten in einem einfachen ASCII-Format abgelegt. Diese können Sie natürlich mit jeder beliebigen Anwendung verarbeiten. Klicken Sie im Desktop auf die Taste *Kosten*, wird automatisch Excel gestartet und Sie können die gewünschte Weiterverarbeitung vornehmen.

> ▶ **Vorlagen**
>
> Im Unterverzeichnis *Palm/Template* sind bereits einige Vorlagen unter Excel vorhanden. Diese können Sie für Ihre eigenen Belange entsprechend anpassen.

Nie wieder einen Geburtstag vergessen

Ist es nicht peinlich – immer wieder vergessen Sie wichtige Geburtstage, Jubiläen und andere Termine. Dabei wäre es mit dem PalmPilot so einfach, die jährlichen Termine in den Griff zu bekommen. Nehmen Sie einfach Ihre Geburtstagsliste zur Hand und geben Sie die einzelnen Termine ein.

Achten Sie darauf, dass Sie dem Termin keine konkrete Uhrzeit zuweisen. Betätigen Sie daher im Dialogfenster *Zeit einstellen* den Schalter *Keine Uhrzeit*. Über *OK* beenden Sie die Eingabe.

Nun muss der Termin noch jedes Jahr wiederkehren und einen Alarm auslösen. Kehren Sie in die Tagesansicht des betreffenden Tages zurück. Klicken Sie auf den Schalter *Details*. Im Feld *Wdh* (Wiederholungen) stellen Sie den Parameter auf *Jährlich*. Im darüber liegenden Feld *Alarm* aktivieren Sie das akustische Signal. Stellen Sie auch gleich die Erinnerung auf mehrere Tage vor dem eigentlichen Termin, so bleibt Ihnen noch ausreichend Zeit, ein passendes Geburtstagsgeschenk zu besorgen.

Wie hilft mir der PalmPilot weiter?

Nun wiederholen Sie die einzelnen Schritte für alle gewünschten Termine. So lässt sich mit relativ wenig Aufwand eine funktionierende Terminüberwachung für Omas Geburtstag einrichten.

Wollen Sie etwas Unterhaltung auf Ihrem PalmPilot?

Natürlich darf auch der Spaß bei der Arbeit und in der Freizeit nicht zu kurz kommen. Entsprechend gibt es für den PalmPilot eine riesige Menge an Software, die ausschließlich der Unterhaltung dient.

Wie wäre es mit einer Partie Schach?

Das Spiel PocketChess verwandelt Ihren PalmPilot in einen leistungsstarken Schachcomputer, der eine erstaunliche Spielstärke zeigt. Sie haben die Wahl, gegen den Computer oder gegen einen menschlichen Gegner anzutreten. Natürlich können Sie auch den Computer gegen sich selbst antreten lassen.

Das Spiel beherrscht alle aktuellen Schachregeln und lässt sich über mehrere Schwierigkeitsstufen problemlos an die eigene Spielstärke anpassen. Zukünftig ist auch eine deutsche Version geplant.

Wie wäre es mit einem kleinen Kreuzworträtsel?

Bei Groß und Klein ist es beliebt. Die Rede ist vom Kreuzworträtsel. Fast in jeder Tageszeitung sind die gedruckten Denksportaufgaben zu finden. Mal schwer, mal leicht, sorgen sie für Spiel und Spannung für Zwischendurch. Natürlich darf die entsprechende Anwendung nicht auf dem PalmPilot fehlen. Das kleine Shareware-Programm Xword bietet mit guter Optik und einer durchdachten Menüführung viel Unterhaltung auf dem Display.

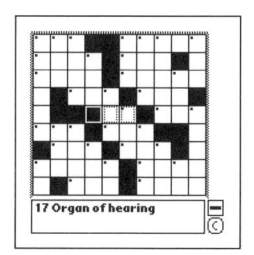

Zwar kann das Programm selbst keine Rätsel erstellen, doch über eine Schnittstelle können Sie bestehende Rätsel aus amerikanischen Tageszeitungen und aus dem Internet konvertieren und auf Ihren PalmPilot bringen. Eine deutsche Version ist bereits in Vorbereitung.

Kapitel 10

Nützliche Tools

Nicht immer sind die großen und komplexen Anwendungen gefragt. Besonders die kleinen und nützlichen Tools sorgen bei vielen Arbeiten für die richtige Unterstützung.

Die unterschiedlichen Tools verwalten

Wer sich intensiv mit dem PalmPilot beschäftigt, der wird eine Vielzahl von kleinen Utilities auf seinem Gerät haben. Zur Verwaltung der so genannten Hacks hat sich das Programm *Hackmaster* längst zum heimlichen Standard gemausert. Es gibt kaum einen Entwickler, der nicht seine eigenen Routinen mit diesem Werkzeug im Betriebssystem des PalmPilot verankert.

Programme komfortabel sichern

Normalerweise können Sie durch einen HotSync nur die persönlichen Daten auf Ihrem Rechner sichern. Die eigentlichen Anwendungen müssen Sie im Zweifelsfall per Hand neu installieren. Hier kommt das bekannte Programm *BackupBuddyNG* ins Spiel. Es sichert den gesamten Datenbestand, inklusive der Programme, in einem eigenen Verzeichnis auf Ihrem PC. So können Sie sehr komfortable Backups Ihres PalmPilot erstellen. Bei einem Problem oder nach einem Hard-Reset spielen Sie einfach das komplette Bakkup wieder zurück.

Den Arbeitsspeicher besser ausnützen

Wie bei allen Computern gilt ein Gesetz: Der verfügbare Speicher ist immer zu klein. Es ist nur eine Frage der Zeit, wann Sie an die Grenzen des verfügbaren Speichers geraten. Seit dem PalmPilot Professional sind die Geräte mit einem so genannten Flash-EEPROM als Arbeitsspeicher ausgestattet. Diese Technik erlaubt es, Anwendungen in diesen speziellen Arbeitsspeicher abzulegen. Mit Hilfe des Programms *FlashPro* können Sie auch Ihre eigenen Anwendungen im ROM des PalmPilot ablegen. Die Daten sind auch nach einem Hard-Reset noch vorhanden. Zudem halten Sie auf diese Weise wertvollen Speicherplatz im RAM-Bereich frei.

Eigene Programme testen

Wer selbst eine kleine Anwendung auf dem PalmPilot entwickelt hat und sich angesichts häufiger Abstürze des PalmPilot ständig ärgert, der sollte auf einen Emulator zurückgreifen. Es gibt bereits für unterschiedliche Plattformen entsprechende Anwendungen. Sie können mit Hilfe eines Emulators jedes beliebige PalmPilot-Programm auf dem PC installieren und auch tatsächlich ausführen. Unter dem Namen *Palm OS Emulator* ist diese Möglichkeit bei vielen Anwendern beliebt. Zudem können Sie auch Screenshots von beliebigen Anwendungen schießen.

Wie kann ich die Arbeit optimieren?

Kapitel 11

Der weltweite Erfolg der PalmPilots beruht sicherlich auf der einfachen und sicheren Handhabung. Komplizierte Installationen, umfangreiche Menübäume und absturzfreudige Anwendungen gehören der Vergangenheit an. Dennoch tauchen immer wieder Fragen auf. Hier einige Antworten:

Was bietet die Version 3.3 des Betriebssystems PalmOS?

Das neue PalmOS 3.3 kann auf allen Palm-Organizern installiert werden, die mit Version 3.0 laufen. Zu den neuen Features gehören unter anderem ein schnelleres HotSync über die Docking Station, HotSync per Infrarot, Ericsson IrCOMM-Unterstützung für die Anbindung an Ericsson-Handys sowie die Unterstützung des Euro-Symbols.

Wie kann ich auf das EURO-Zeichen zugreifen?

Sofern Sie auf Ihrem PalmPilot noch mit dem Betriebssystem PalmOS 3.0 oder niedriger arbeiten, müssen Sie auf das EURO-Zeichen verzichten. Erst ab der Version 3.3 haben Sie Zugriff auf das EURO-Symbol. Allerdings gibt es zahlreiche Tools, die Ihnen auch ohne das aktuelle Betriebssystem dieses Zeichen ermöglichen.

Ist der PalmPilot Jahr-2000-fähig?

Nach Angaben des Herstellers stellt die Jahrtausendwende für den PalmPilot kein Problem dar. Auch bei Software gibt es keine ernsten Probleme, solange sich das jeweilige Programm an die Konventionen für Zeit und Datum hält.

Wie kann ich den PalmPilot auf mehreren PCs synchronisieren?

Dies stellt grundsätzlich überhaupt kein Problem dar. So können Sie beispielsweise Ihren PalmPilot sowohl zu Hause als auch in der Arbeit synchronisieren. Der PalmPilot ist in der Lage sich zu merken, mit welchem Rechner er zuletzt synchronisiert wurde.

Was tue ich, wenn die Eingabe per Stylus nicht korrekt läuft?

Zur korrekten Stift-Eingabe muss Ihr PalmPilot kalibriert werden. Nach einer gewissen Zeit kann diese Kalibrierung ungenau werden. Um dieses Problem zu beheben, starten Sie unter der Anwendung *Einstellen* den Menüpunkt *Digitizer*. Sie starten damit eine Kalibrierungsroutine. In drei Schritten wird Ihr PalmPilot wieder korrekt eingestellt.

Kapitel 11

Laufen Palm-Programme auf einem PC?

Grundsätzlich laufen Palm-Applikationen natürlich nur auf der für sie vorgesehenen Plattform. Doch es gibt so genannte Palm-Emulatoren, die beispielsweise unter Windows laufen und das korrekte Ablaufen eines PalmPilot-Programms ermöglichen. Den Ursprung haben Emulatoren in der Software-Entwicklung. So können Programme problemlos unter Windows getestet werden. Ein Debugger-Modus ist entsprechend enthalten. Es existieren auch Emulatoren für Macintosh, Linux, Unix und OS/2.

Können mehrere PalmPilots mit einem PC synchronisiert werden?

Eine Sychronisation mit mehreren Geräten kann nur funktionieren, wenn jedes Gerät einen eigenen Benutzernamen trägt.

Wie kann ich eine komplette Konfiguration auf ein anderes Gerät übertragen?

Die gesamten Einstellungen aller Anwendungen werden in der Datei *Saved_Preferences.prc* abgelegt. Für jeden Anwender wird ein eigenes Verzeichnis abgelegt. In dem Unterverzeichnis *Backup* finden Sie die entsprechende Datei. Kopieren Sie die gewünschte Datei in

Wie kann ich die Arbeit optimieren?

das Verzeichnis eines anderen Benutzers, so haben Sie so die Konfiguration übertragen. Bei einer kompletten Übertragung müssen zudem auch die Dateninhalte übernommen werden.

Warum summt ein PalmPilot?

Es minimales Geräusch erzeugt der enthaltene Spannungswandler, der teilweise auch bei ausgeschaltetem Zustand zu hören ist. Sofern die Hintergrundbeleuchtung eingeschaltet ist, verstärkt sich das Summen noch.

Kann beim Palm V der Arbeitsspeicher erweitert werden?

Nein. Das Gehäuse ist fest verschweißt, so dass ein Öffnen nicht möglich ist. Dennoch gibt es einige Anbieter, die in der Lage sind, das Gerät zu öffnen und den Arbeitsspeicher entsprechend zu erweitern. Allerdings erlöschen damit sämtliche Garantieansprüche.

Wie verhindere ich das Herausfallen des Stylus?

Besonders bei älteren PalmPilots gab es immer wieder Probleme mit einem herausfallenden Stylus. Idealerweise umwickeln Sie den Stift mit etwas Tesaband. Anschließend passt er besser in die Aussparung an der Geräteseite. Beim Palm V wurde das Problem durch einen neuen Halterungsmechanismus gelöst.

Wie schütze ich das Display vor Kratzern?

Zunächst sollten Sie die Dateneingabe ausschließlich mit dem Stylus vornehmen. Durch die weiche Kunststoffkappe wird das Display nicht beschädigt. Zusätzlich gibt es am Markt spezielle Folien, die Sie auf das Display kleben und die somit einen gewissen Schutz darstellen.

Wie verändere ich die Helligkeit des Displays?

Mit Hilfe eines Rädchens können Sie den Konstrast des Displays bis zum Palm IIIx verändern. Beim Palm V tippen Sie auf einen Schalter an der linken Oberseite des Geräts. Den genauen Wert stellen Sie mittels Schieberegler ein.

Lässt sich die Alarm-Lautstärke verändern?

Bei älteren Geräten konnten Sie die Lautstärke des Geräts nicht verändern. Erst ab dem Palm III ließ sich die Lautstärke variieren und unterschiedliche Sounds konnten aktiviert werden.

Kapitel 11

Wie kann ich den Ladezustand überprüfen?

Unter dem so genannten Launcher finden Sie im oberen Bildrand eine Batterieanzeige. Hiermit haben Sie einen guten Überblick, über welchen augenblicklichen Ladezustand Ihr Gerät gerade verfügt.

Wie spare ich gezielt Strom?

Sofern Sie auf Ihrem PalmPilot keine Eingabe vornehmen, schaltet das Gerät selbstständig ab. Wann der Palm Organizer abschaltet, können Sie selbst einstellen. Nehmen Sie die kleinste Zeiteinheit (1 Minute). Sie müssen so zwar häufiger das Gerät wieder einschalten, dafür hält eine Ladung deutlich länger.

Kann ich das automatische Abschalten umgehen?

Es existiert ein undokumentierter Shortcut, mit dem Sie bei Ihrem PalmPilot die Funktion *Auto-Aus* deaktivieren können.

Wie lösche ich alle Inhalte auf dem PalmPilot?

Mit einem Hard-Reset versetzen Sie den Palm Organizer in einen jungfräulichen Zustand. Es sind anschließend keine Daten mehr auf dem Gerät. Sie halten während des Resets den Einschaltknopf gedrückt. Entsprechend müssen Sie die folgende Sicherheitsabfrage mit der Bild-Auf-Taste bestätigen. Während Sie diese Taste gedrückt halten, betätigen Sie nacheinander alle vier Anwendungstasten. Anschließend ist der PalmPilot leer.

Wie lösche ich einzelne Anwendungen?

Mit Hilfe des Launcher werden einzelne Anwendungen vom PalmPilot gelöscht. Über den Menüpunkt *Löschen* öffnen Sie wiederum eine Liste mit allen Applikationen. Wenn Sie nun mit dem Stylus ein Programm auswählen und anschließend auf den Schalter *Löschen* tippen, ist die Anwendung gelöscht. Beachten Sie dabei, dass es keine Undo-Funktion gibt. Die Anwendung ist unwiederbringlich weg. Sie müssen das Programm neu einspielen.

Wie aktiviere ich einen gesperrten PalmPilot?

Sofern Sie das Kennwort vergessen haben, hilft nur noch ein Hard-Reset, um den PalmPilot wieder in Betrieb zu nehmen. Dabei gehen natürlich alle Daten auf dem Gerät verloren.

Wie arbeite ich mit undokumentierten Befehlen und Funktionen?

Fast jeder Computer und fast jede Software bieten versteckte Funktionen und kleine, virtuelle Visitenkarten der Entwickler, die in erster Linie zur Unterhaltung gedacht sind. So dürfen natürlich auch beim PalmPilot einige versteckte Spielereien nicht fehlen. Sogenannte *Easter Eggs* (Ostereier) sind völlig ungefährlich und halten Sie höchstens von der Arbeit ab. Hier nun einige Geheimnisse des PalmPilot:

Wie erhalte ich einen Lesefehler auf Laufwerk C:?

Die Angst vieler Anwender auf einen Nenner gebracht, vollbringt folgender Gag. Ausgang dieses Gags ist das Spiel *Giraffe*. Platzieren Sie nach dem Start des Programms Ihren Stift am oberen Rand des Displays. Nun betätigen Sie die Abwärtstaste. Die bekannte Fehlermeldung erscheint auf dem Display:

Not ready reading drive C

Abort, Retry, Fail

Wie gelangen zwei Herren im Anzug auf das Display?

Wieder ist das Spiel *Giraffe* der Ausgangspunkt für diesen Spaß. Dieses Mal erscheinen zwei Herren im Anzug auf dem Bildschirm. Dafür platzieren Sie den Stylus in der unteren rechten Ecke des Bildschirms und betätigen den Aufwärtsknopf. Wer die beiden netten Herren sind, ist nicht bekannt.

Wie tanzen Palmen auf dem Bildschirm?

Ein sehr beliebter Scherz auf dem PalmPilot sind die tanzenden Palmen. Erneut ist die Giraffen-Anwendung der Auslöser für den Entwickler-Scherz. Klicken Sie auf die Hilfefunktion und zeichnen Sie anschließend eine Raute (#). Schon beginnen die Grünpflanzen sich rhythmisch auf dem Bildschirm zu bewegen. Dahinter steckt übrigens das englische Wortspiel *Palmtree*.

Kapitel 11

Wie starte ich ein Taxi auf dem Display?

Der wohl interessanteste Scherz ist das fahrende Taxi. Mittlerweile ranken sich ganze Legenden um diesen Scherz. Im Netz kursieren vielfältige Anweisungen, wie man das Taxi zum Fahren bekommt. Versuchen Sie doch einfach diese Reihenfolge der Befehle:

5 Zunächst müssen Sie Ihren PalmPilot in den entsprechenden Modus versetzen. Begeben Sie sich zur Anwendung *Einstellen* und entscheiden Sie sich für die Kategorie *Allgemein*.

6 Zeichnen Sie anschließend auf dem Display, in der unteren, rechten Hälfte (oberhalb des Taschenrechner-Buttons), einen Kreis von wenigen Millimetern.

7 Es erscheint an dieser Stelle ein Osterei. Sie sind nun in dem gewünschten Scherz-Modus.

8 In diesem Modus können Sie das beliebte Taxi in jeder Anwendung starten. Der Modus wird übrigens in den Systemeinstellungen abgelegt und lässt sich selbst durch ein Hard-Reset nicht abbrechen. Es geht aber auch einfacher. Klicken Sie auf das Osterei und der Modus wird beendet. Doch nun zu dem Taxi.

9 Halten Sie die `Bild↓`-Taste gedrückt und ziehen Sie eine waagerechte Linie von der Mitte des Graffiti-Felds nach ganz links, genau zwischen den beiden Buttons. Und schon erscheint Ihr Taxi am Bildschirm.

Woher bekomme ich die wichtigsten Informationen in Sachen PalmPilot?

Kapitel 12

Weltweit gibt es heute eine ungeheure Zahl von Anwendern, die sich für die 3Com-Produkte entschieden haben. Ähnlich hoch wie die Zahl der Anwender ist auch das Interesse an speziellen Informationen zu dem Marktführer unter den Personal Digital Assistents. Auf den folgenden Seiten finden Sie allerlei Nützliches zum Thema PalmPilot.

Mit anderen Anwendern in Kontakt treten

Natürlich gibt es weltweit eine Vielzahl von Usergroups, die sich speziell mit dem PalmPilot von 3Com beschäftigen. Dabei handelt es sich meist um private bzw. semiprofessionelle Interessengemeinschaften, die für den PalmPilot-Anwender eine Fülle von interessanten Informationen bieten. Im Folgenden finden Sie eine kleine Auswahl an Newsgroups. Die Liste erhebt natürlich keinen Anspruch auf Vollständigkeit.

Kapitel 12

Palm User Group Ruhr

Bei der einzigen deutschen Newsgroup handelt es sich nicht um eine kommerzielle Vereinigung, sondern um eine rein ehrenamtliche Aktivität. Alle Angebote sind kostenlos und werden ehrenamtlich erstellt. Das Angebot umfasst Buch- und Software-Besprechungen, Hardware-Reviews und natürlich Informationen rund um den PalmPilot.

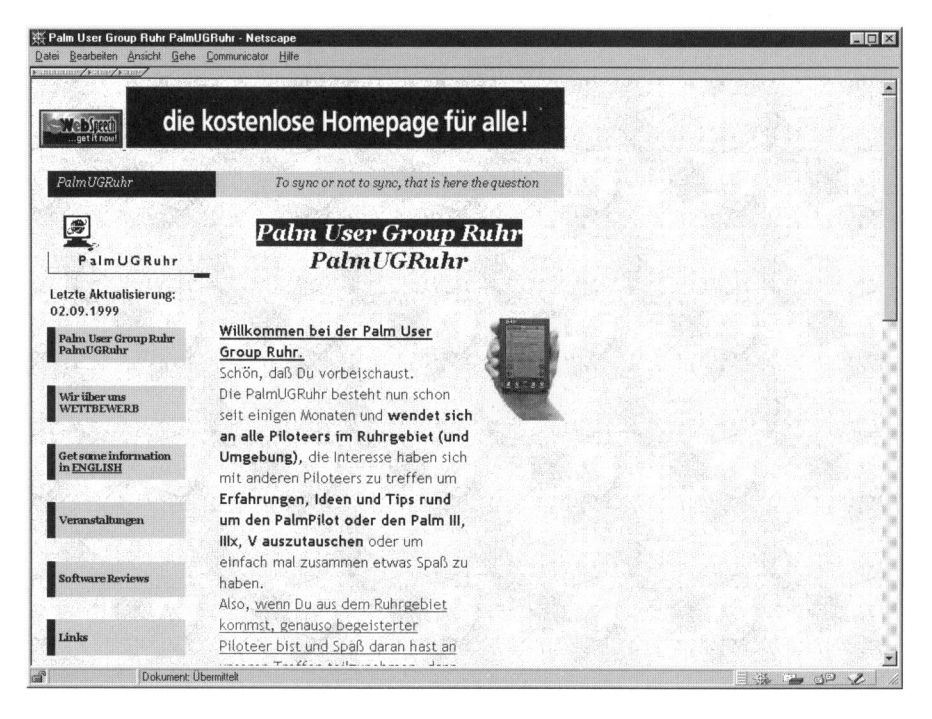

Dabei richtet sich das Angebot besonders an Anwender aus dem Ruhrgebiet. Sie finden die Palm User Group Ruhr unter *http://www.palmugruhr.de*.

Woher bekomme ich die wichtigsten Informationen in Sachen PalmPilot?

Nederlandse Palm Club

Wer der niederländischen Sprache mächtig ist, der findet beim *Nederlandse Palm Club* ausreichend Informationen. Neben einem Newsletter, aktuellen Informationen rund um die PalmPilot-Familie sowie zahlreichen Tipps gibt es auch einen Shop für nützliches Zubehör und Software. Sie finden das holländische Angebot unter *http://www.wb.utwente.nl/palmbeach*.

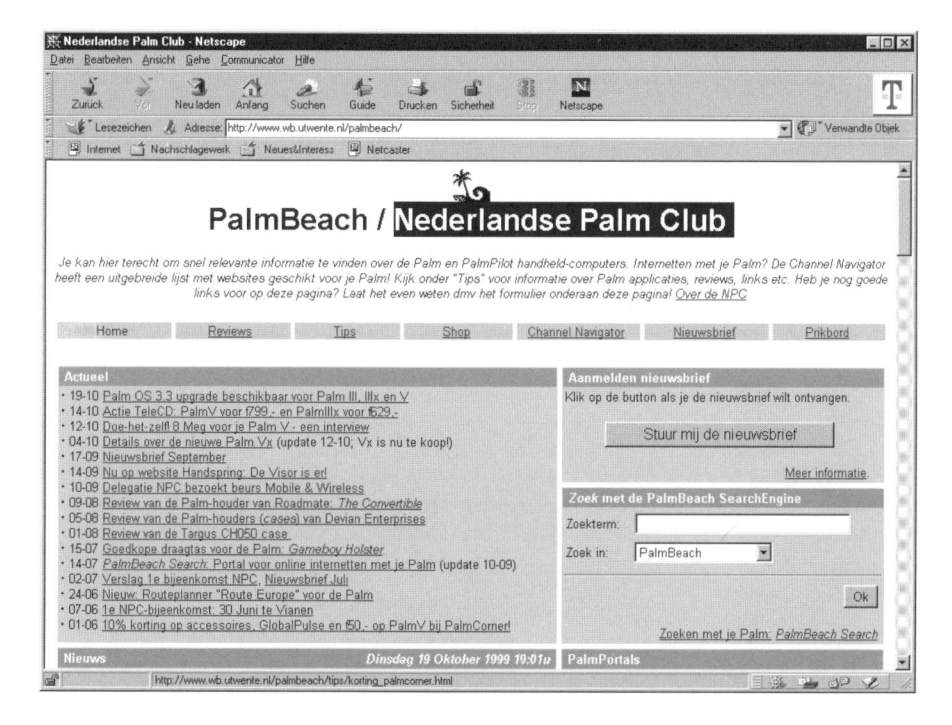

Kapitel 12

Palm User Group

Auch Kanada hat seine eigene User Group. Seit 1998 organisieren sich unter dem Namen *Palm User Group* gleichgesinnte Palm-Anwender. Neben den üblichen Tricks und Tipps findet der interessierte Anwender auch die Möglichkeit, sich mit Teilnehmern zu treffen oder Know-how auszutauschen. Wer Schlimmes mit seinem PalmPilot erlebt hat, legt seine Geschichte unter *Horror Stories* ab. Sie finden die kanadischen Anwender unter *http://www.canadapug.com*.

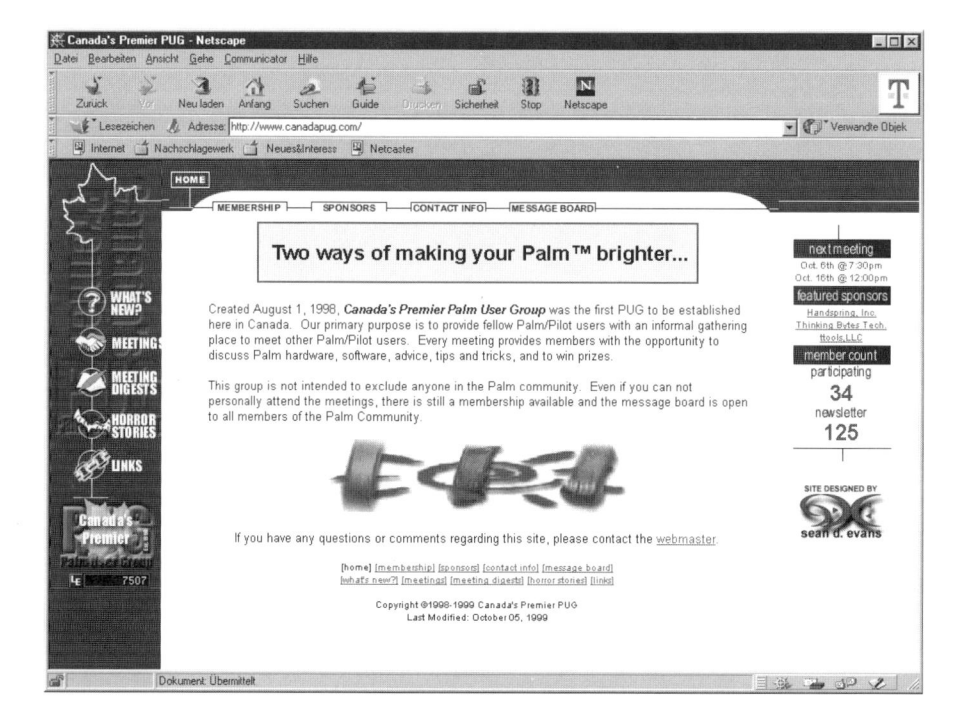

Woher bekomme ich die wichtigsten Informationen in Sachen PalmPilot?

NYPALM

Bei dieser Usergroup steht sowohl der soziale als auch der professionelle Anspruch der PalmPilot-Anwender im Mittelpunkt. Sehr interessant ist die ausführliche Link-Liste mit interessanten Anbietern in Sachen PalmPilot. Eine Mailing-Liste für eingetragene Anwender steht ebenfalls zur Verfügung. Sie finden *NYPALM* unter *http://www.nypalm.org*.

Colorado Palm User Group

Hier steht der direkte Kontakt zwischen den Anwendern im Mittelpunkt. So wird ausführlich über die User Group-Treffen berichtet. Wer also gerade in der Nähe von Denver ist, sollte sich bei einem zünftigen Treffen einfinden. Darüber hinaus bietet die Seite die üblichen Informationen zum PalmPilot. Die Adresse der Homepage lautet: *http://www.creativeconsulting.com/coppug.htm*.

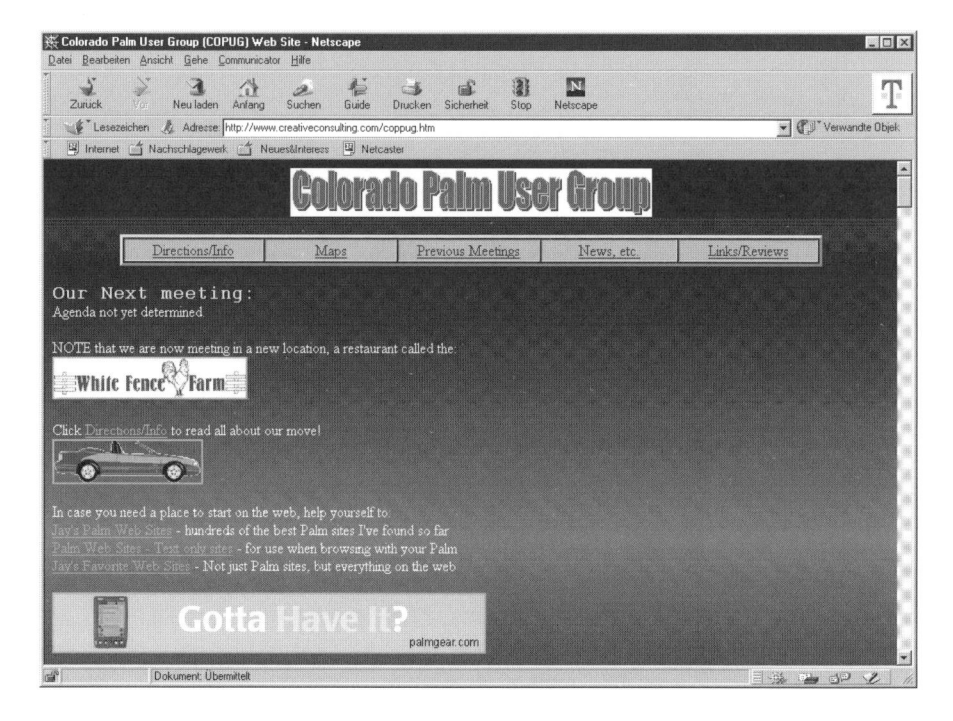

Woher bekomme ich die wichtigsten Informationen in Sachen PalmPilot?

The Palmguru

Auch hier hat der Dialog zwischen den Anwendern die höchste Priorität. Neben allgemeinen Informationen werden auch konkrete Produkte für den PalmPilot vorgestellt. Die Seite ist interessant gestaltet und bietet viele Informationen. Die Adresse der Homepage lautet: *http://www.palmguru.com*.

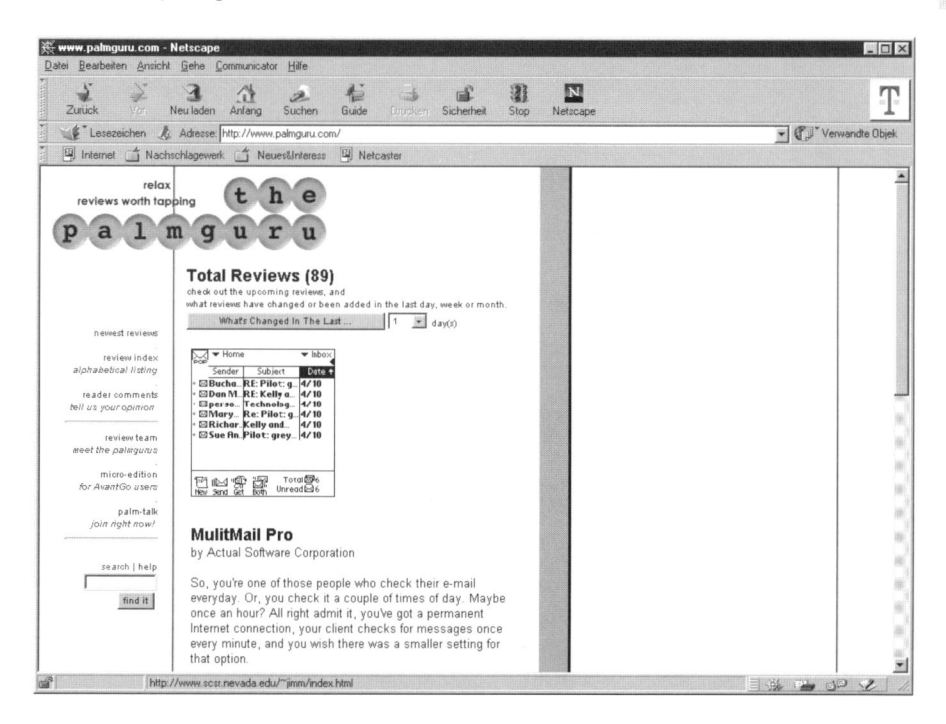

Kapitel 12

San Fransico Palm

Diese User Group bietet eine sehr interessante Mailing List, die in unregelmäßigen Abständen erscheint. Auch hier finden in regelmäßigen Abständen Treffen der Teilnehmer statt. Das Angebot finden Sie unter: *http://www.geocities.com/~sfpug*.

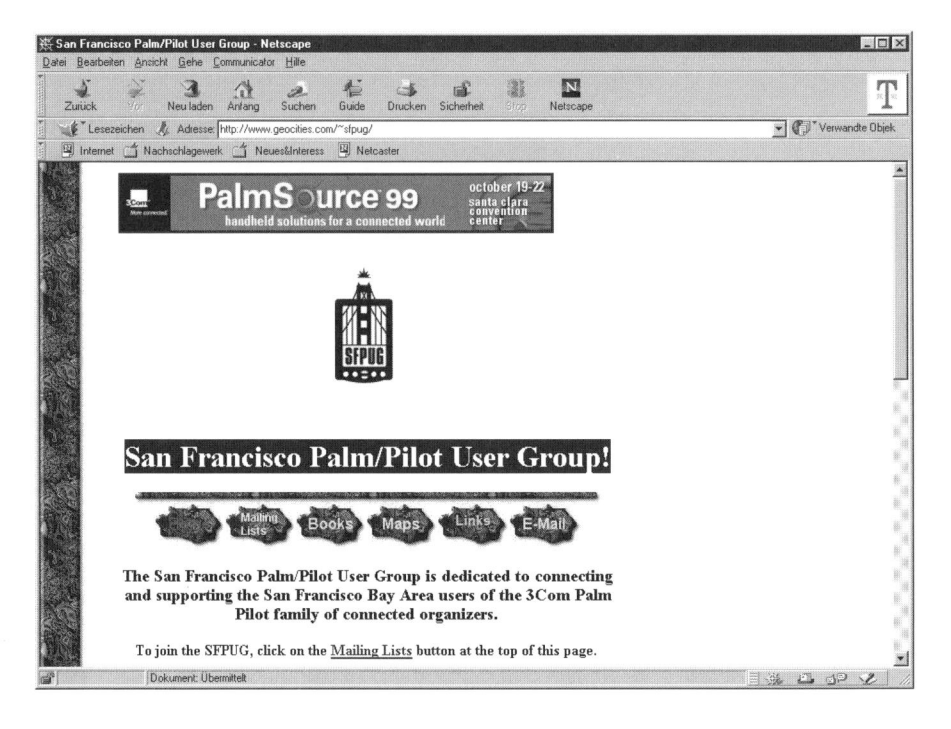

Woher bekomme ich die wichtigsten Informationen in Sachen PalmPilot?

Tipps, Programme und News aus dem Internet

Natürlich finden Sie neben reinen Newgroups auch kommerzielle Angebote in Sachen PalmPilot. Nachfolgend zeigen wir Ihnen die interessanten Inhalte.

3Com Palm Computing

Hier finden Sie den Ursprung aller PalmPilots. Die internationale Seite von 3Com Palm Computing bietet einige interessante Artikel in englischer Sprache, die im deutschen Angebot nicht vorhanden sind. Zudem können Sie sich in eine Mailing-Liste eintragen lassen oder Produkte rund um die Produktpalette von 3Com bestellen. Sogar T-Shirts sind im Angebot. Ein Software-Archiv rundet die Heimat des Palm Organizer ab. Sie finden den Palm-Computing-Bereich von 3Com unter *http://www.palm.com*.

Kapitel 12

3Com Europa

Die mehrsprachige Seite bietet neben der Vorstellung der eigenen Produkte auch ein spezielles Forum für Entwickler und einen Support für technische Fragen. Darüber hinaus kann der Anwender aktuelle Software laden, beispielsweise die Version 3.0 des Palm Desktop. Sie finden das Web-Angebot unter: *http://www.palm-europe.com*.

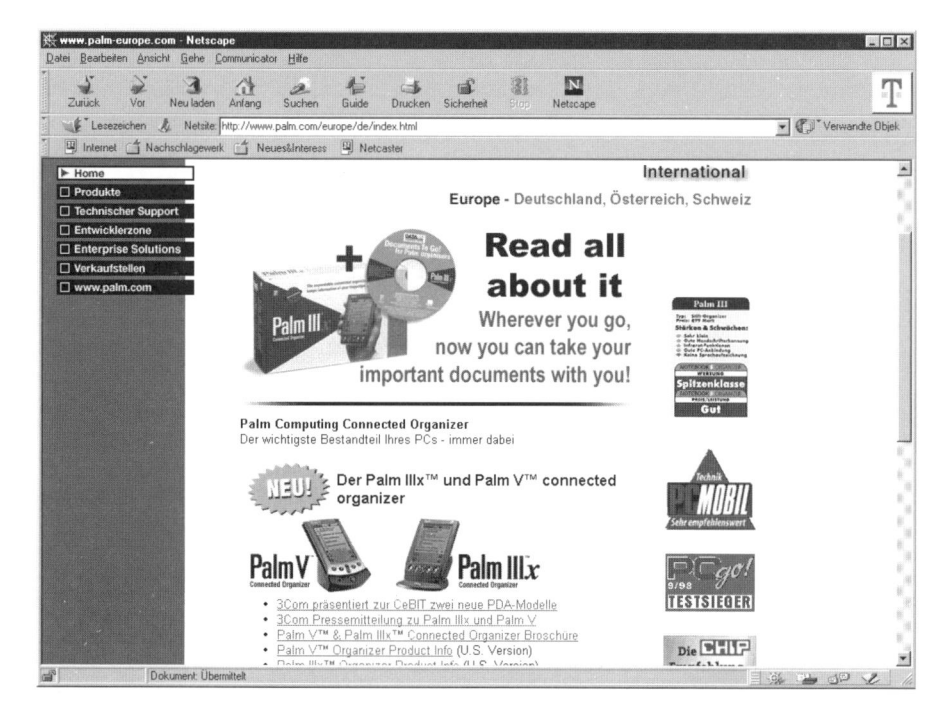

Woher bekomme ich die wichtigsten Informationen in Sachen PalmPilot?

Palmconsult

Ein umfangreiches Angebot für PalmPilot-Besitzer finden Sie in dem deutschsprachigen Angebot unter *http://www.palmconsult.de/forum/*. Neben einem Diskussionsforum und Mailing-Listen finden Sie auch einige ausführliche Themen rund um den PalmPilot. Natürlich dürfen eine Tauschbörse und ein umfangreiches Software-Archiv nicht fehlen.

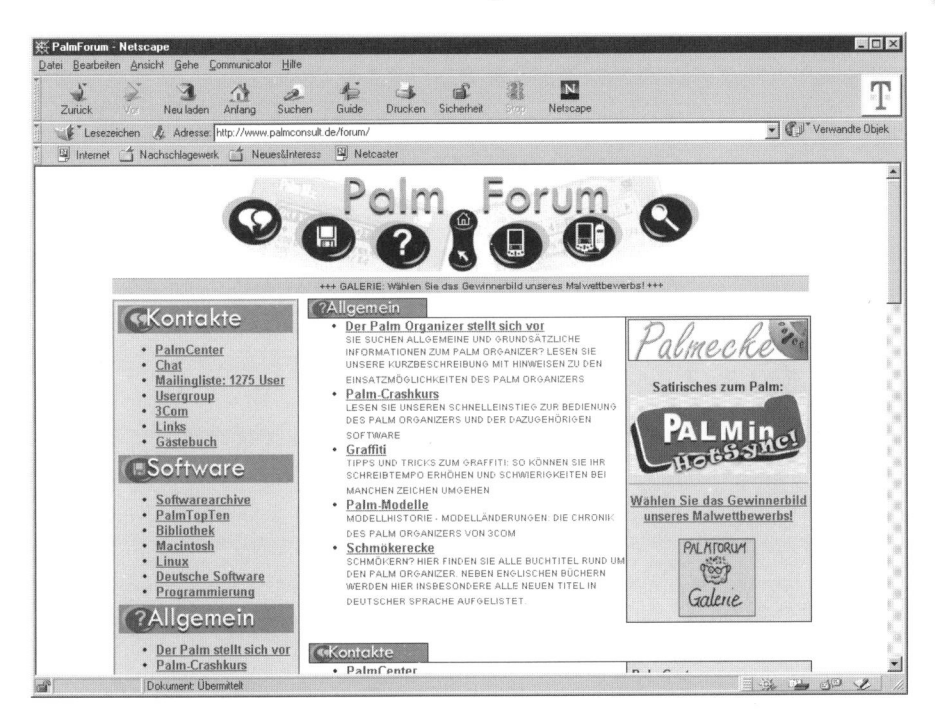

Kapitel 12

Pilotzone

Unter dem Namen Pilotzone erhalten Sie das mit Abstand größte Software-Angebot im Internet in Sachen PalmPilot. Das englischsprachige Angebot gliedert sich dabei in mehrere Kategorien, wo Sie eine Vielzahl von unterschiedlichen Tools finden. Zu jedem Programm gibt es eine Kurzbeschreibung und einen Link auf die aktuellste Version. Unter *http://www.pilotzone.com* bleibt kaum ein Wunsch offen, zumal das Angebot permanent ergänzt wird.

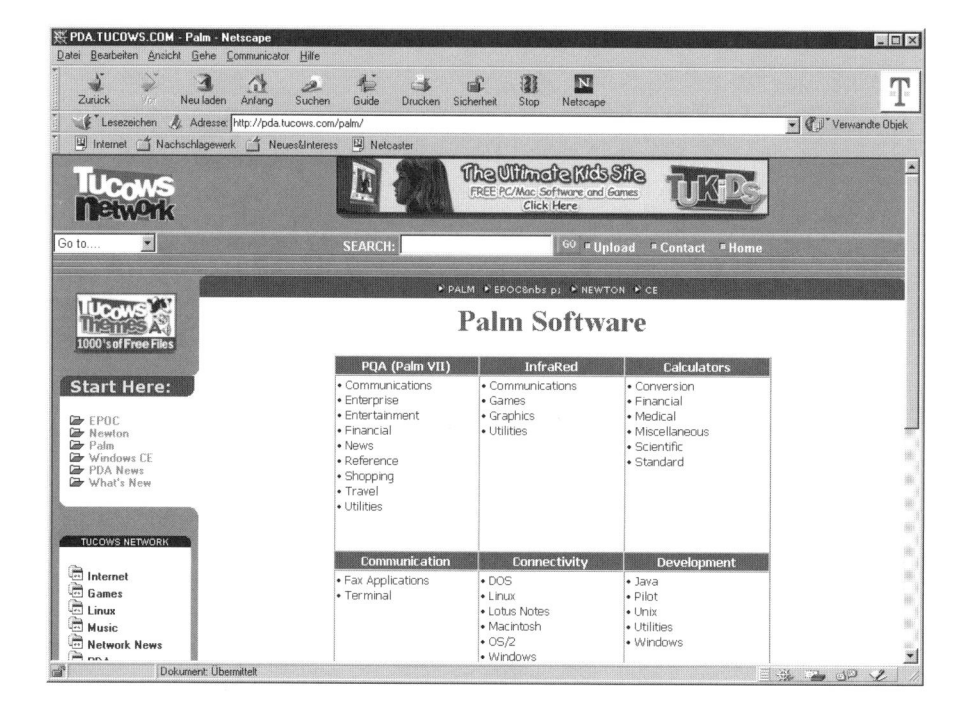

Woher bekomme ich die wichtigsten Informationen in Sachen PalmPilot?

Palmcentral

Auch hier findet der Anwender ein sehr großes Software-Angebot vor. Es gliedert sich in mehrere Kategorien. Hinzu kommen Buchtipps, Tricks und Tipps, Diskussionsforen sowie weitere Links zu interessanten Webseiten zum Thema PalmPilot. Sie finden das englischsprachige Angebot unter *http://www.palmcentral.com*.

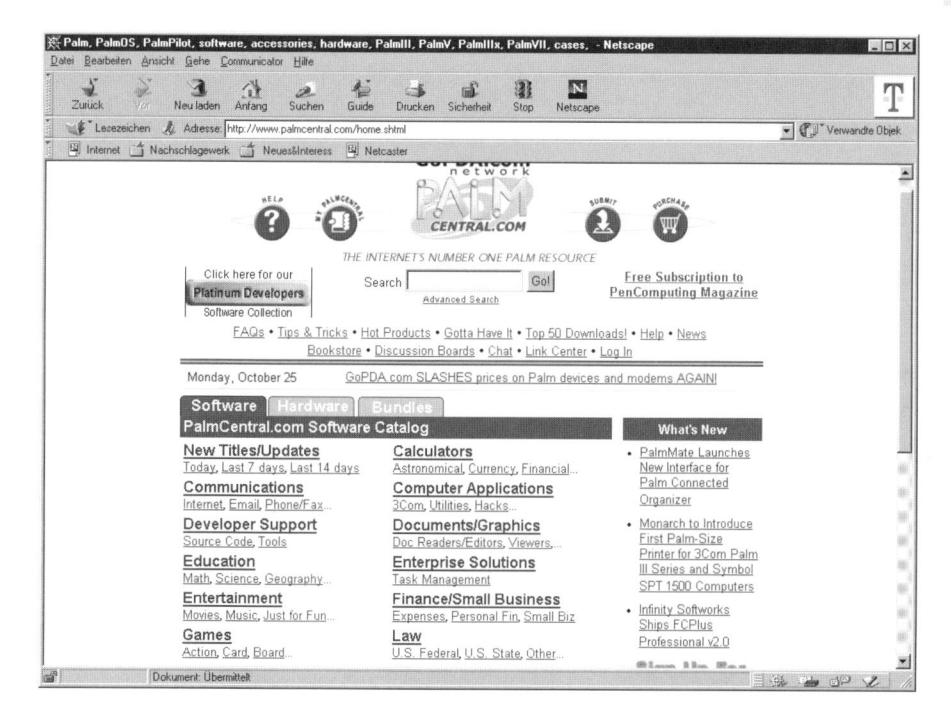

Kapitel 12

Handheld Magazin

Das deutschsprachige Angebot verspricht alles über Handhelds und Organizer. Entsprechend bietet das Online-Magazin auch Informationen zu anderen Geräten und zu Windows CE an. Dennoch präsentiert das Handheld Magazin auch für den PalmPilot erstaunlich viele Informationen. Neben ausführlichen Tipps für den Anwender, existiert ein rege besuchtes Diskussionsforum. Sie finden die Webseite unter: *http://www.handheld-magazin.de*.

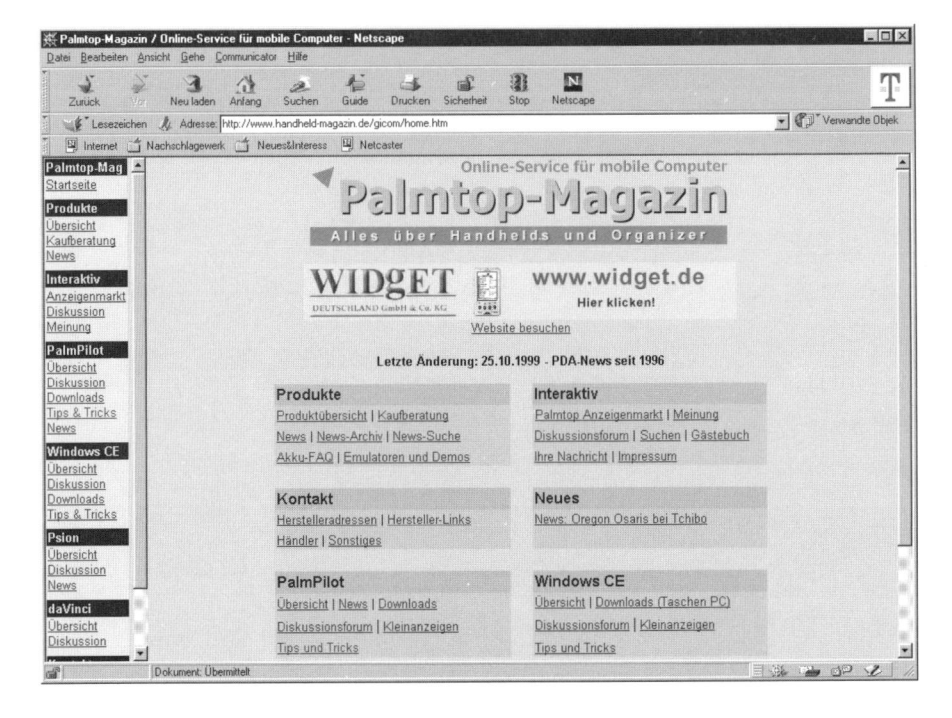

Woher bekomme ich die wichtigsten Informationen in Sachen PalmPilot?

The Palm Tree

Diese englischsprachige Webseite ist besonders aufgrund ihres umfassenden Informationsangebots so interessant für den Anwender. Eine Vielzahl von Themen werden behandelt. Natürlich gibt es auch ein Software-Archiv und Informationen zu den einzelnen Geräten von 3Com. Sie finden Palm Tree unter: *http://www.thepalmtree.com/*.

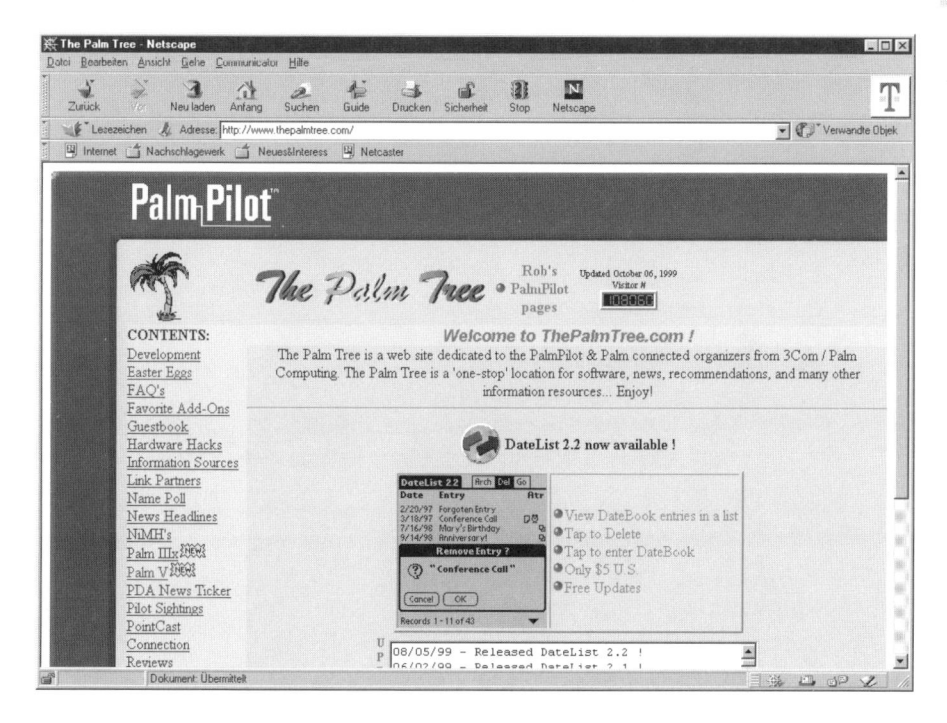

Kapitel 12

AOL

Wer ein eingetragenes Mitglied bei AOL ist, der hat auch Zugriff auf das eigene PalmPilot-Forum. Allerdings sind die Daten teilweise nicht mehr auf dem neuesten Stand und das Diskussionsforum ist sehr schlecht besucht. Die bekanntesten Anwendungen können Sie laden.

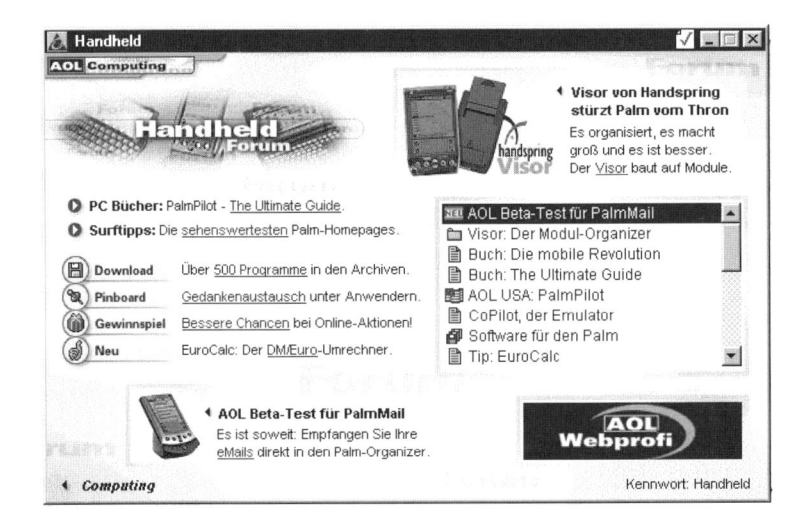

PalmPilot von A bis Z

Natürlich stoßen Sie im Zusammenhang mit Ihrem PalmPilot und dessen Anwendungen auf eine Vielzahl von Fachbegriffen. Dies gilt besonders für den Bereich der Kommunikation. Sie finden auf den folgenden Seiten die wichtigsten Begriffserklärungen aus der Welt des PalmPilot und der Kommunikation. Falls ein wichtiger Begriff fehlt, scheuen Sie sich nicht, uns zu kontakten.

A

AltaVista
Bekannte Suchmaschine im Internet, die einen Zugang weltweit zu vielen Webseiten über Stichwortsuche bietet.

AOL
America Online. Ursprünglich amerikanischer Online-Dienst und Internet-Provider, der seit längerem auch in Deutschland beheimatet ist.

Applet
Ein kleines Programm in der Programmiersprache Java, das aus dem Internet auf Ihren Rechner übertragen wird. Hier führt es spezielle Aufgaben aus.

ASCII (American Standard Code for Information Interchange)
Der Standardzeichensatz in der Datenfernübertragung. Der Zeichensatz besteht aus 128 Zeichen, wobei jedes Zeichen durch eine Zahl zwischen 0 und 127 repräsentiert wird.

Asynchron
Bei einer asynchronen Übertragung werden die Daten seriell übertragen, also Zeichen für Zeichen. Die Kommunikationspartner verfügen aber über keine gemeinsame Taktleitung. Der Empfänger muss daher die Bit- und Byte-Grenzen anhand der Signalfolge erkennen.

B

Bit
Die kleinste Informationseinheit in der Computertechnik. Die Information eines Bits ist 0 oder 1. Alle Daten setzen sich aus Bits zusammen. Bit pro Sekunde wird als Einheit für die Übertragungsgeschwindigkeit eingesetzt. 8 Bit ergeben ein Byte.

Bits pro Sekunde oder bps
Die Geschwindigkeit, mit der Daten zwischen zwei Modems übertragen werden. Vergleiche Baud.

C

CC oder Carbon Copy
Sie können eine E-Mail an mehrere Empfänger verschicken. Ist einer der Empfänger als CC eingetragen, wird i.d.R. von ihm nur erwartet, die Nachricht zur Kenntnis zu nehmen. .

CIM
Kurzform für *CompuServe Information Manager*, die frühere Zugangssoftware von CompuServe. CIM wurde für DOS, Windows und Apple Macintosh entwickelt.

Client
Software, die Sie auf Ihrem Rechner installieren, um Daten mit dem Internet austauschen zu können. Im vorliegenden Buch oft als Synonym für Mail-Client

Connect
Meldung eines Modems über eine erfolgreich zu Stande gekommene Verbindung.

Cookies
Dateien, die von einem Web-Server auf Ihrem Rechner abgelegt werden. Sie speichern Daten, die für eine erneute Benutzung des Servers wichtig sein könnten.

D

Docking Station
Gerät zur Synchronisation des PalmPilot mit dem PC. Dient gleichzeitig als Ladestation.

Domain Name
Jeder Internet-Server hat einen Domänen-Namen. Der Domänen-Name von CompuServe in Deutschland lautet beispielsweise „compuserve.de". „compuserve" ist der Name des Netzes; „.de" zeigt an, dass der Server in Deutschland betrieben wird.

Download
Herunterladen einer Datei von einem Server oder einem anderen Fremdrechner auf den eigenen Computer via Datenfernübertragung.

E

Easter Eggs
Versteckte Spielereien von Entwicklern innerhalb einer PalmPilot-Software.

Electronic Mail/E-Mail
Abkürzung für elektronische Briefe. Es handelt sich in der Regel um Textmitteilungen, die innerhalb eines Kommunikationsverbunds (Online-Dienst, Firmennetz oder Internet) von einem Teilnehmer zum anderen verschickt werden. Es müssen hierfür nicht beide Teilnehmer gleichzeitig mit dem Netz verbunden sein. Der Absender muss lediglich die E-Mail-Adresse des Empfängers kennen und schickt die Nachricht an dessen Postfach. E-Mails können, etwa durch UUE-Kodierung, auch Binärdateien enthalten.

E-Mail-Adresse
Analog zu herkömmlichen Postanschriften erhalten Teilnehmer eines Online-Dienstes, einer Mailbox oder des Internets eine Adresse, an die man E-Mails schicken kann. Die E-Mail-Adesse verweist nicht auf den Rechner des Adressaten, sondern auf sein Postfach beim Online-Dienst oder Provider. Innerhalb von Online-Diensten entspricht die E-Mail-Adresse der Benutzerkennung des jeweiligen Anwenders. Im Internet wird noch eine Zeichenfolge angehängt, die in der Regel aus dem Zeichen @ (gesprochen wie das englische "at") und dem Namen der Domain besteht. Ein Beispiel für eine Internet-E-Mail-Adresse: *someone@somewhere.com*. Adresse

Epoc
Ein Betriebssystem für mobile Geräte, das von Symbian entwickelt wird.

F

Filter
Mechanismus zur automatischen Bearbeitung von eingehenden Nachrichten. Filter überprüfen den Inhalt des Headers oder Textkörpers einer Mail und verschieben sie anhand der gefundenen Informationen in die vorbestimmten Verzeichnisse. Komplexere Filter erlauben auch das automatische Beantworten von Nachrichten.

FTP (File Transfer Protocol)
Fileübertragungsprotokoll zwischen zwei Rechnern. Eine der wichtigsten Methoden zur Übertragung von Dateien im Internet. FTP wird auch in lokalen Netzen eingesetzt, die TCP/IP benutzen. Anonymous FTP wird von einigen tausend Internet-Rechnern angeboten, als Möglichkeit, dort Files abzurufen, auch wenn man auf dem entsprechenden Rechner keinen Benutzereintrag besitzt. Um per Anonymous FTP Files abrufen zu können, ist ein Zugang zum Internet Voraussetzung.

H

Header
Der einer Nachricht (Mail, News) vorangestellte Teil, der administrative Informationen enthält, beispielsweise die Adresse des Absenders, wann die Nachricht abgesandt wurde etc.

HTML
Hypertext Markup Language. Die Sprache des World Wide Web. *HTML* ist eine Hypertext-Beschreibungssprache. Sie kann Text, Gliederungsstrukturen, Zeichenformate, Verknüpfungen zu anderen Dokumenten und Multimedia-Objekte enthalten. Durch ihre Vielseitigkeit wird *HTML* seit neuestem auch für E-Mails verwendet.

HTTP (Hypertext Transfer Protocol)
Methode zum Laden von Dokumenten im *World Wide Web*.

Hypertext
Eine nicht lineare Methode zur Darstellung von Informationen im Internet. Hypertexte enthalten neben strukturierten Texten auch Grafiken, Klänge oder Videos.

I

Internet
Das größte Netz der Welt, das aus einer Reihe großer internationaler und nationaler Netze sowie einigen regionalen und lokalen Netzen in aller Welt besteht, die zusammen ein riesiges Netz bilden und dabei ein einheitliches Adressierungsschema sowie die TCP/IP-Protokolle verwenden. Das Netz der Netze.

L

Login
Zugang zu einer Mailbox anfordern.

Logoff oder Logout
Abmelden aus einer Mailbox oder einem Netzwerk.

M

Mail
Mitteilungen von einem Anwender eines Mailboxsystems oder Internet-Dienstes an einen anderen User, der sich auf demselben oder einem anderen Host befinden kann. Im Gegensatz zu den News sind diese nicht öffentlich. Siehe auch E-Mail.

Mail-Client (auch Mail-Agent)
Ein Programm, das sich mit einem Mail-Server in Verbindung setzt. Es bildet die Benutzeroberfläche des Mail-Systems und erlaubt es dem Anwender, Nachrichten zu schreiben und zu versenden bzw. eingehende Mails zu lesen und zu organisieren.

Mailing List
Eine Gruppe von gleich gesinnten Leuten, die über E-Mail unterschiedliche Themen diskutieren oder Informationen darüber austauschen.

Mail-Server
Ein Rechner, der eingehende Mails für seine User aufbewahrt, bis diese sie abholen. Er nimmt auch die Ausgangspost der Anwender an und reicht sie ins Internet weiter. Mail-Server unterteilen sich oft in einen Eingangsserver (*POP3* oder *IMAP4*) und einen Ausgangsserver (*SMTP*).

MAPI
Mail-Application Interface. Dieses Nachrichtensubsystem von *Windows 95* ermöglicht es Anwendungen auf einfache Weise, Dokumente als Mails zu versenden, indem es die gesamte Funktionalität des Mailsystems (z.B. *Microsoft Exchange*) als Programmierschnittstelle zur Verfügung stellt.

MIME
Multimedia Internet Mail Extension (auch *Multipurpose Internet Mail Extension*). Ein Dokumentenstandard, der es erlaubt, in einer Mail neben dem Text auch andere Dateien (als Attachments) unterzubringen.

MLM (Mailing List-Manager)
Ein Programm zur Verwaltung und Verteilung von Mailing Lists.

N

Nachricht
Im vorliegenden Fall meist Synonym für E-Mail.

Netiquette
Eine Reihe von Konventionen, die das Verhalten in einem Netz regeln. Oft unvollständig in schriftlicher Form niedergelegt.

Newsgroup
Eine elektronische Diskussions- oder Informationsgruppe, die normalerweise über das Usenet verbreitet wird. Siehe Usenet.

O

Offline
Keine Datenverbindung.

Online
Verbindung besteht.

Organizer
Wie der PDA dient er der Verwaltung von Terminen, Adressen, und Aufgabenlisten. Häufig werden als Organizer vor allem Geräte bezeichnet, die keine Tastatur zur Dateneingabe besitzen.

P

PalmOS
Betriebssystem des PalmPilot der Firma 3Com. Aktuelle Version ist momentan die 3.3.

Palm PC
Wurde von Microsoft entwickelt; als Betriebssystem findet Windows CE Verwendung.

Palmtop (PalmPC)
Wörtlich übersetzt *auf der Handfläche* bezeichnet dieser Begriff einen Kleinstcomputer, der die Größe eines kleinen Buchs hat.

PDA
Abkürzung für *Persönlicher Digitaler Assistent* (*personal digital assistant*), häufig auch als Handheld bezeichnet.

POP/POP3
Post Office Protocol ist ein Internet-Protokoll, mit dem ein Mail-Client Nachrichten von einem Mail-Server abruft.

Priorität
Kennzeichen im Mail-Header, das Auskunft über die Dringlichkeit einer Nachricht gibt.

Provider
Dienstanbieter, der seinen Usern über einen Host den Zugang zum Internet ermöglicht. Neben dem Netzzugang bieten Provider meist auch andere interne Informationsdienste an.

Q

Quote

R

Das Zitieren von Textpassagen aus anderen Mitteilungen (engl. für Anführungszeichen).

RAM
Abkürzung für Random Access Memory. Speicher mit wahlfreiem Zugriff, der im Gegensatz zum ROM vom Anwender beschrieben werden kann. Dient als Arbeitsspeicher des Rechners.

Reply
Antwort auf einen Artikel via Mail.

RFC
Kurzform von »Request for comment« – Beschreibungen von Protokollspezifikationen und anderen Defacto-Standards im Internet. Alle Dokumente sind mit einer laufenden Nummer versehen. RFCs bilden die Diskussionsgrundlage für die Entwicklung neuer Standards.

ROM
Abkürzung für Read Only Memory. Nur lesbarer Halbleiter-Speicher. Enthält in Computern die grundlegende Steuersoftware. Beim PalmPilot finden Sie zusätzlich noch die Standardsoftware.

S

Shortcut
Abkürzungstaste, Tastenfolge für den Aufruf einer bestimmten Funktion oder eines Programms. Beim PalmPilot können Sie bis zu 45 Zeichen pro Shortcut ablegen.

Signature
Einige Zeilen Text, die den Namen, die Adresse, den Beruf, die Erreichbarkeit sowie meistens einen guten Spruch des Autors eines Artikels beinhalten, höchstens vier Zeilen.

S/MIME
Secured MIME. Ein um Verschlüsselungs- und Authentifikationsmechanismen erweiterter MIME-Standard.

SMTP
Simple Mail Transfer Protocol. Ein Standard zum Datenaustausch, der von Mail-Servern verwendet wird. Er wird für die Versendung der Ausgangspost vom Client zum Server und für den Transport zwischen Mail-Servern verwendet.

Subject
Feld im Nachrichtenheader, das den Betreff aufnimmt.

T

Traffic
Menge an Information, die über die Leitung fließt.

U

Unterschrift (oft auch engl. Signature)
Meist feststehende Grußbotschaft am Ende jeder Mail. Sie enthält oft Angaben zur Person. Der Begriff wird aber häufig auch für digitale Unterschriften bei Authentifikationen verwendet.

URL (Uniform Resource Locator)
Eine Methode zur Identifizierung von Internet-Ressourcen mit einem standardisierten Satz von Zugangsprotokollen und Standortindikatoren. Die URL ist also die Adresse einer Datei oder einer Webseite im Netz.

V

Visitenkarte
Neuer MIME-Typ, der es erlaubt, Adressbucheinträge und Profile per E-Mail auszutauschen.

W

Windows CE
Ein von Microsoft entwickeltes Betriebssystem speziell für Handhelds.

World Wide Web (WWW)
Ein logisches Netzwerk von Informationsservern, die Hypertext-Dokumente speichern.

Y

Yahoo!
Bekannter, amerikanischer Anbieter einer Suchmaschine im Internet. Bietet spezielle Dienstleistungen für PalmPilot-Anwender.

Auf eine CD-ROM haben wir in diesem Buch verzichtet, da der Markt für Software extrem schnelllebig ist. Dafür haben wir ein spezielles Webangebot eingerichtet. Hier finden Sie die aktuellsten Hinweise, Tricks und Anwendungen. Die Adresse lautet: http://www.gewusstwie.mut.de.

Natürlich bin ich immer begeistert über Anregungen, Hinweise und Ergänzungen. Auch Kritik ist immer willkommen. Nehmen Sie doch einfach Kontakt auf. Per E-Mail können Sie mich unter *lindo@t-online.de* oder *redlindo@aol.com* erreichen. Auf unserer Homepage *http://www.lindo.de* finden Sie aktuelle Informationen zum Thema Palmpilot.

Wilfred Lindo

Berlin, Oktober 1999

Stichwortverzeichnis

Numerics

3Com 177
3Com Palm Computing 165
4.000-Zeichen-Grenze 142

A

ABC-Analyse 124
Adresse 59
    Benutzerfelder 70
    Datensicherung 42
    Einfügen 70
    Einstellung 31
    Einstellungen 70
    Karte übertragen 69
    Kategorie 72
    Kategorie übertragen 69
    Kopieren 69
    Schrift 70
Adressverwaltung 59, 68
Aktivität 126
Alarm 148
Alarmsignal 30
Alias, T-Online 85
Alle, Launcher 32
Allgemein, Einstellungen 29
Alpen-Methode 126
AltaVista 173
America Online 173
Anschlusskennung,
    T-Online 85
Ansprechpartner 9
AOL 172, 173
Apple Newton 28
Apple PowerBook 107
Applet 173
Arbeitsmethodik 128
Arbeitsprinzip 125
Arbeitsspeicher 8
ASCII 173
Asynchron 173
Aufgabe 59, 121
    Datensicherung 42
    Einstellung 31
Aufgabenliste 59
Ausschneiden 55
Auto-Aus 154

B

Backup 38
BackupBuddyNG 150
Batterieanzeige 154
BCC 113
Benutzer
    Einstellungen 29
    Sperren 39
Benutzername 152
Besprechung 138
Betriebliche Zusammenhänge 128
Betriebssystem 78, 177
    Einstellung 31
Bildschirmtastatur 14, 45
    Eingabe 45
Biorhythmische Schwankungen 130
Bit 173
Bits pro Sekunde 173
Blind Carbon Copy 113
bps 173

C

Carbon Copy 113
CC 113, 174
Checkliste 74
CIM 174
Client 111, 174
CompuServe
    Aufbewahrungszeit 87
    POP3-Postfach 86
    Virtueller Schlüssel 87
Computertastatur 47, 58
Conduit 112
Connect 174
Cookies 174
Courtesy Copy 174
Crashkurs 13

D

D1, T-Online 82
D2, T-Online 82
Datenabgleich 21, 103
Datenabgleich mit StarOffice 118
Datenbestand 10
Datenschutz 38

Stichwortverzeichnis

Datensicherung 43
Datenverlust 42
Datum 29
Day-Timer Organizer 106
Debugger-Modus 152
Debug-Modus 56
Delegation 127
Denkergebnis 134
Dienstprogramme, Launcher 32
Digitizer 26, 30, 151
    Einstellungen 29
Display 47, 153
DOC-Format 75
Docking Station 18, 77, 96, 174
Domain Name 174
Download 174
Doze-Modus 24
Dragonball 24

E

Easter Eggs 155, 174
Einfacher Soft-Reset 37
Einkaufsliste 74
Einrichten, Sperren 39
Einstellungen,
    Outlook Express 22, 104
Einträge, Launcher 33
E-Mail 174, 175
E-Mail-Adresse 175
    T-Online 85
E-Mail-Server 20, 102
Empfangen und Versenden
von elektronischen Nachrichten 59
Emulator 152
Entfernen, Anwendung 29
Entwurf einer Mail 114
Epoc 175
Erledigte Aufgaben, Suche 36
Erstellen, Termin 60
Eudora, Mail-Client 10
Euro-Symbol 151
Exchange 21, 103

F

Fahrendes Taxi 156
Fälligkeit 73

Fälligkeitsdatum 71, 123
Fehlende Selbstdisziplin,
    Zeitfresser 128
Fehlerhäufigkeit,
    Online-Betrieb 79
Feiertag 9
File Transfer Protocol 175
Filter 9
Filtern von E-Mails 116
Flash-EEPROM 25, 150
FlashPro 150
Flußkontrolle,
    Online-Betrieb 80
Formate,
    Einstellungen 29
FTP 175
Fünf-Finger-Regel 134

G

G3 Computer 107
Garantieansprüche 153
Geburtstagliste 148
Gehäuse 153
Giraffe 46, 59, 155
Graffiti 14
    Anfangspunkt 46
    Buchstaben 46
    Eingabefeld 46
    Hilfefunktion 48
    in einem Zuge 46
    Sonderzeichen 46
    Zahlen 46
Graffiti-Alphabet 45
Graffiti-Hilfe 41, 52
Graffiti-Schrift
    Eingabe 45
Graffiti-Shortcuts.prc 54
Großbuchstaben 47
Größenbeschränkung 75
Grundeinstellungen 29
Grundregeln,
    Zeitplanung 123
GSM-Adapter 8, 77
GSM-Handy 27
GSM-Modem 79

H

Hackmaster 150
Hacks 150
Halten des Stifts,
 Graffiti 46
Handheld 8, 178
Handy, T-Online 82
Hard-Reset 37, 154
Hardware-Interrupt 24
Hauptgruppe,
 Launcher 32
Hayes 80
Header 175
Helligkeit des Displays 153
Herren im Anzug 155
Hintergrundbeleuchtung 26
Hintergrundlicht 41
Hinweistext, Sperren 39
HotSync 45, 148, 151
 Eingabe 45
 Einstellung 31
 via Modem 100
HotSync-Docking-Station 107
HotSync-Manager 18, 19, 96, 97, 108
HotSync-Schalter 26
HotSync-Taste 96
HTML 175
http 175
Hypertext 176

I

IBM Workpad 27, 107
iBook 107
iMac 107
Information 142
 Export 126
 Launcher 33
Infrarot-Schnittstelle 23, 77
Infrarot-Signal 30
Inkrementell, Datensicherung 43
Internet 78, 176
Interrupt 24
IP-Adresse, T-Online 83
IrCOMM-Unterstützung 151
Ist-Analyse 123

J

Jahr-2000-fähig 151
Jubiläum 148
Justierung des Digitizers 26

K

Kabel 78
Kalender 59
 Datensicherung 42
 Einstellung 31
Kalenderwoche 66
Kalibrierung 151
Kassenbuch 145
Kategorie 71
 Launcher 32, 33
Kategorie bearbeiten,
 Launcher 32
Keine Pufferzeiten 128
Kennung, T-Online 81
Kennwort 155
 Sperren 40
 T-Online 81
Kilometerzahl 146
Kommunikation 78, 137
Komplettsicherung 43
Korrespondenz 142
Kosten 59, 94, 145
Kostenart 146
Kostenverwaltung 59
Kreuzworträtsel 149
Kunststoffkappe,
 Reset 36
Kürzen von E-Mails 116

L

Ladezustand 154
Landware Inc. 28
Launcher, Einstellung 31
Lautstärke 153
LCD 25
LDAP Data Interchange Format 110
Ldif-Standard 110
Leistungskurve 130
Liquid Crystal Display 25

Stichwortverzeichnis

Login 176
Logoff 176
Löschen
    Kategorie 33
    Launcher 34, 154
Lotus cc Mail 106
Lotus Organizer 106

M

Mail 59, 176
    Filter 175
Mail Server 176
Mailadresse 87
    T-Online 85
Mail-Client 10, 20, 102
Mailing List 176
Mailing List-Manager 177
Mailprogramm 83
Mailserver, T-Online 84
Mangelnde Delegationsbereitschaft 128
Mangelnde Koordination 128
Mangelnde Zeitplanung 128
MAPI 112, 177
Mentalität 134
Menüsystem 54
Merkzettel 59, 74
    Datensicherung 42
    Einstellung 31
    manuelle Sortierung 74
Microsoft 180
Microsoft Excel 147
Microsoft Exchange 106
Microsoft Outlook 97/98 106
Microsoft Schedule+ 106
MIME 177
Mitbenutzernummer, T-Online 81
MLM 177
Modem 8, 27
    Einstellungen 29
Modem-Kabel 28
ModemSyncs 19, 96
Monatssicht 9
Motorola 24
Multimedia Internet Mail Extension 177

N

nabcnd32.cfg 109
Netiquette 177
Netscape 108
Netscape Calendar 106
Netscape Communicator 108
Netscape Messenger 108
Netzwerk 78
    Einstellungen 29
Newsgroup 158, 177
Nicht abgelegt, Launcher 32
Notizblock 59
Notiz-Funktion 10

O

Offline 177
Online 177
Organizer 177
Outlook Express 20, 102
    Mail-Client 10
Outlook, Mail-Client 10

P

Palm IIIx 24
Palm Organizer 8
Palm OS Emulator 150
Palm PC 177
Palm User Group Ruhr 158
Palm V 24
    Online-Betrieb 79
Palm V Modem,
    Online-Betrieb 79
Palm VII 24
PalmConnect USB 107
PalmDesktop 18
Palm-Emulator 152
PalmOS 23, 48, 151, 177
PalmPilot Personal 23
PalmPilot Professional 23
Palmpilot VII 77
PalmPilot, Online-Betrieb 79
Palmtop 8, 178
Passwort
    Sperren 40
    T-Online 84

Stichwortverzeichnis

PC und PalmPilot 20, 98
PDA 8, 178
Personal Digital Assistant 13, 178
Persönliche Daten, Sperren 39
Persönliche Schwachstellen 128
Persönlicher Digitaler Assistent 8
Pilot 1000 23
Pilot 5000 23
Pocket Mirror 105
PocketChess 149
Point-to-Point-Protokoll,
    T-Online 82
POP 178
POP3 86, 178
    Einrichtung 88
    Umleitung von Mails 89
POP3-Server, T-Online 84
POP3-System, T-Online 84
Post Office Protocol 178
Posteingang, Outlook Express 22, 105
Power Macintosh 107
prc 107
Priorität 71, 72, 116, 121
    Alpen-Methode 127
Privaten Einträge, Suche 36
Provider 178
Pufferzeit 129

Q
Quote 178

R
RAM 178
Random Access Memory 178
Read Only Memory 59, 178
Rechner 59
Referenzkarte 45
Regelmäßige Pausen 133
Regionale Gegebenheiten,
    Einstellung 30
Reichweite 27
Reply 178
Reset 36
Ressourcen 127
RFC 178

ROM 59, 178
ROM-Speicher 24
RPA 87

S
S/MIME 179
Satzzeichen 47
Saved_Preferences.prc 29, 152
Schach 149
Schachcomputer 149
Schlechter persönlicher Arbeitsstil 128
Schlechtes Ablagesystem 128
Schutzfolie 28
Shortcut 52, 179
    Alles auswählen 55
    Änderung 53
    Einfügen 55
    Kopieren 55
    Löschen 55
    Menüsystem 54
    Name 54
    Neues Formular 55
    Rückgängig 55
    Schrift 55
    Seitenanfang 55
    Seitenende 55
    Tastatur 55
    Telefonbuch 55
    Übertragen 55
Sicherungskopie,
    Datensicherung 42
Sidekick 106
Signatur 114
Signature 179
Sitzung 138
Sleep-Modus 24
SMS-Nachricht 11
SMTP 179
SMTP-Referenz,
    T-Online 85
Snap-On-Modem 79
Soft-Reset 37
Sonderzeichen 47, 48
Spam 116
Spannungswandler 153

Stichwortverzeichnis

Speicher, Launcher 33
Speicherkapazität 142
Speicherverwaltung 24
Spiel Graffiti,
    Giraffe 46
Spielsignal 30
Spontaner Besuch 128
StarOffice 117
Starsync.prc 118
Starten, Anwendung 29
Stiftführung,
    Hilfefunktion 49
Stille Stunde 130
Störung 128, 131
Stylus 13, 45, 153
    Reset 37
Suchfunktion 35
Sychronisation 152
Symantec ACT! 105
Symbian 175
Synchronisation 10
Synchronisieren mit mehreren PCs 151
System, Launcher 32
Systemsignal 30

T

Tabellenkalkulation 10, 147
Tages-, Wochen- und Monatsansicht 65
Tagesablauf 132
Tagesbeginn 133
Tagesordnung 138, 139
Tagesplan 126
Tagesplanung 129
Tagessicht 9, 65
Taktgeber 24
Tanzende Palmen 155
Taschenrechner 59, 75
    Berechnung 75
    Einstellung 31
    Zwischenergebnis 75
TaskTimer 106, 119
TaskTimer Intellisync-Connector 119
Tastatur 28, 41, 142
Tasten, Einstellungen 29
TCP/IP-Stack 78

Teilsicherung,
    Datensicherung 43
Telefonbuch 65
Telefonieren 139
Telefonische Unterbrechungen 128
Termin 15, 60, 121, 148
    Anzeigeoptionen 64
    Einstellungen 64
    Ereignis löschen 63
    Ereignis übertragen 63
    Infrarot-Schnittstelle 61
    mit Uhrzeit 60
    neues Ereignis 63
    Notiz anfügen 63
    Notiz löschen 63
    ohne Uhrzeit 60
    Schrift 63
    Überschneidung 66
Terminkalender 15, 59, 60
Terminplaner 10
Textbaustein 52
    Hilfefunktion 53
Texteingabe 13
Textrecherche 9
Textverarbeitung 10
Tonerzeugung 24
T-Online 81
    Benutzerkennung 81
    T-Online 84
T-Online-Kennung 81
Tools 150
TouchTone 81
Traffic 179

U

U.S. Robotics 23
Übertragen
    Launcher 33
    von neuer Software 107
Übertragungsgeschwindigkeit,
    Online-Betrieb 79
Umschaltsymbol 47
Undo-Funktion 34, 154
Undokumentierter Shortcut 55
Unerledigte Aufgabe 131

Stichwortverzeichnis

Uniform Resource Locator 179
Unterhaltung 149
Unterschwellige Konflikte 128
URL 179
USB 18, 96

V

Verbindungstyp, T-Online 82
Vergessenes Kennwort 41
Version, Launcher 33
Virtueller Schlüssel 87
Virus 44
Visitenkarte
    Benutzerfelder 70
    Infrarot-Schnittstelle 70

W

Wählverfahren 81
Währung 145
Wiederholungsintervall 68
Wiederkehrender Termin 67
    Suche 36
Windows CE 180
Wochenansicht 66
Wochensicht 9
Wochentag, Einstellung 30
World Wide Web 180
Wunschadresse, T-Online 86

X

X.400-Übergang 89
Xword 149

Y

Yahoo! 89, 180
    Terminkalender 89, 92

Z

Zahlentastatur 14
Zahlungsart 145
Zeit 122
Zeitabschaltung, T-Online 83
Zeiteinheit 60
Zeitfresser 128
Zeithorizont 62
Zeitmanagement 122
    Optimierung 122
Zeitplanung 7
    Besprechungen 138
    Checkliste 137
    Merkzettel 138
    Tagesordnung 138
    Telefon 139
Zeitsparen beim Telefonieren,
    Telefon 140
Zielerreichung 134
Zu viele Informationen 128
zusätzliche Applikationen 145
Zuwachssicherung 43

Gewusst wie!

Jeder Titel nur 19,95 DM

Uwe Graz
Digitale Fotografie
ISBN 3-8272-5658-5

Peter Stimpfle
Den PC beherrschen
ISBN 3-8272-5667-4

Anja Hinz
Word 2000
ISBN 3-8272-5664-X

In dieser Reihe erscheinen ausserdem:

OPS
Endlich im Internet
ISBN 3-8272-5649-6

Ingo Dellwig
Meine Homepage
ISBN 3-8272-5652-6

Thomas Lauer
Gekonnt Surfen
ISBN 3-8272-5668-2

Enno Park
PC-Pannenkurs
ISBN 3-8272-5650-X

Bernd Held
Excel 2000
ISBN 3-8272-5665-8

Wilfred Lindo
PalmPilot
ISBN 3-8272-5679-8

Caroline Butz
Super Sachen mit Word
ISBN 3-8272-5651-8

Giesbert Damaschke
Fast geschenkt! Im Internet
ISBN 3-8272-5653-4

Anton Conrad
Richard Eisenmenger
Musik-CDs brennen
ISBN 3-8272-5697-6

Markt&Technik
www.mut.de

Markt&Technik-Produkte erhalten Sie im Buchhandel, Fachhandel und Warenhaus.
Markt&Technik Buch- und Software-Verlag GmbH · Martin-Kollar-Straße 10–12 · 81829 München · Telefon (0 89) 4 60 03-222 · Fax (0 89) 4 60 03-100

Kommt her Ihr
Früchtchen!

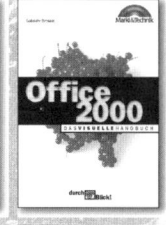

Ignatz Schels	*Walter Schwabe*	*Ignatz Schels*	*Gabriele Broszat*	*Gabriele Broszat*	*Tom Freiwah*
Windows 98 Zweite Ausgabe	**Excel 2000**	**Access 2000**	**Word 2000**	**Office 2000**	**CorelDRAW 9**
ca. 400 Seiten	336 Seiten	397 Seiten	432 Seiten	592 Seiten	464 Seiten
ISBN 3-8272-**5699**-2	ISBN 3-8272-**5559**-7	ISBN 3-8272-**5557**-0	ISBN 3-8272-**5560**-0	ISBN 3-8272-**5558**-9	ISBN 3-8272-5637-2
DM 44,00	DM 44,00	DM 44,00	DM 44,00	DM 55,00	DM 44,00

- **Fit am PC**
- **Lernen mit Genuß**
- **Bild für Bild**

durch Blick!

Markt&Technik
www.mut.de

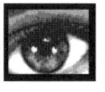

Markt&Technik-Produkte erhalten Sie im Buchhandel, Fachhandel und Warenhaus.
Markt&Technik Buch- und Software-Verlag GmbH · Martin-Kollar-Straße 10–12 · 81829 München · Telefon (0 89) 4 60 03-222 · Fax (0 89) 4 60 03-100

M&T factory. So holen Sie das Beste aus Ihrem PC!

M&T Factory bietet:
- Buch plus Software: Material und Software zum »Sofort-Loslegen«
- Beste Nachschlagequalitäten: großer Index, Glossar, visuelles Inhaltsverzeichnis, Listen und Übersichten
- Viele Bilder und Infografiken
- Hervorragende Leserorientierung

Jeder Titel ca. 350 Seiten inkl. CD-ROM

So gewinnen Sie an der Börse!
Walter Schwabe
ISBN 3-8272-5521-X, DM 39,95

So tauschen Sie problemlos Daten aus!
Hendric Wehr/Ralf Sydekum
ISBN 3-8272-5574-0, DM 49,95

So gehen Sie blitzschnell online!
Dirk Jasper
ISBN 3-8272-5670-4, DM 29,95

So managen Sie Ihre Zeit!
D. Louis/O. Pott
ISBN 3-8272-5507-4, DM 39,95

So entsteht Ihre Homepage
D. Louis/O. Pott
ISBN 3-8272-5508-2, DM 39,95

Markt&Technik
www.mut.de

Markt&Technik-Produkte erhalten Sie im Buchhandel, Fachhandel und Warenhaus.
Markt&Technik Buch- und Software-Verlag GmbH · Martin-Kollar-Straße 10–12 · 81829 München · Telefon (0 89) 4 60 03-222 · Fax (0 89) 4 60 03-100

Markt&Technik *Taschenbücher*
Schnell und sicher zum Ziel!

Internet
Eric Tierling
512 Seiten
ISBN 3-8272-5618-6 · DM 19,95

11.111 Internetadressen
Eric Tierling
1008 Seiten
ISBN 3-8272-5673-9 · DM 29,95

M&T-Computerlexikon
Marcus Linke/Peter Winkler
984 Seiten
ISBN 3-8272-5634-8 · DM 19,95

Markt&Technik
www.mut.de

Markt&Technik-Produkte erhalten Sie im Buchhandel, Fachhandel und Warenhaus.
Markt&Technik Buch- und Software-Verlag GmbH · Martin-Kollar-Straße 10–12 · 81829 München · Telefon (0 89) 4 60 03-222 · Fax (0 89) 4 60 03-100